AF339122

# L'ÉLÈVE

DE

## L'ÉCOLE POLYTECHNIQUE,

OU LA

### RÉVOLUTION DE 1830.

## PAR HYPPOLITE W***.

TOME II.

# PARIS.

## LA CHAPELLE, ÉDITEUR,

RUE SAINT-JACQUES, N° 75.

LECOINTE, QUAI DES AUGUSTINS, N° 49.

CORBET AÎNÉ, MÊME QUAI, N° 61.

PIGOREAU, PLACE ST.-GERMAIN-L'AUXERROIS.

—

1830.

# L'ÉLÈVE

## DE

## L'ÉCOLE POLYTECHNIQUE,

### OU LA

### RÉVOLUTION DE 1830.

*Ernest mes amis ; ne les imitons pas!*

# L'ÉLÈVE

DE

## L'ÉCOLE POLYTECHNIQUE,

OU LA

### RÉVOLUTION DE 1830.

## PAR HYPPOLITE W***.

*

## TOME II.

*

## PARIS.

### LA CHAPELLE, ÉDITEUR,

RUE SAINT-JACQUES, N. 75.

LECOINTE, QUAI DES AUGUSTINS, N. 49.
CORBET AINÉ, MÊME QUAI, N. 61.
PIGOREAU, PLACE ST.-GERMAIN-L'AUXERROIS.

1830.

# L'ÉLÈVE

## DE

## L'ÉCOLE POLYTECHNIQUE,

### OU LA

### RÉVOLUTION DE 1830.

---

## CHAPITRE PREMIER.

### Les Ouvriers.

---

Tout-à-coup le bruit se répand que dans le faubourg Saint-Antoine, le peuple, écrasé par les troupes et les gendarmes, est refoulé jusqu'auprès de la barrière.

En ce moment, une sorte de trève était établie entre les soldats du despotisme et ceux de la liberté, dans le quartier où se trouvait Ernest. Il peut abandonner le théâtre de ses premiers exploits. Il engage à le suivre une partie de ceux qui l'entourent. Ils sont en route, s'excitant mutuellement et criant :

« Vive la France ! »

A peine ont-ils fait deux cents pas qu'un gros de cavalerie leur ferme le passage.

Retourner sur ses pas était fort dangereux sinon impossible ; car un fort détachement de la garde royale venait de se poster à l'autre extrémité de la rue.

Ernest craint d'exposer témérairement les braves qui l'accompagnent: il tient peu à la vie; mais il n'a pas le droit de disposer de celle de ses compatriotes.

En cela, comme en bien d'autres points, sa manière de penser différait essentiellement de celle du bénin Charles X., qui pour complaire à son ministre favori envoyait à la mort des milliers de ses sujets.

Mais depuis quand un monarque absolu n'a-t-il pas eu droit de vie et de mort sur ses peuples? Charles, à la vérité, n'était de droit, qu'un souverain constitutionnel; mais de fait, c'était bien le plus tyrannique despote qui pût exister: un don Miguel dans son genre.

Revenons à nos défenseurs. Leur position est plus qu'embarrassante : ils attaqueront ; mais ils seront victimes de leur dévouement si quelque événement inespéré ne vient à leur aide. Tant de courage ne peut rester sans récompense. Une troupe assez considérable de citoyens armés chacun comme il a pu le faire, se rendait dans les environs du Louvre. On leur apprend que les rues adjacentes sont occupées par la garde royale ; et que le seul moyen de parvenir à leur but, c'est de prendre un passage dont l'ennemi aura sans doute négligé de garder l'issue.

Ce salutaire avis sauva Ernest et ses braves compagnons.

A la tête de ces zélés patriotes,
marchait un des ouvriers qu'Ernest
avait rencontrés la veille : à peine a-
t-il reconnu notre héros qu'il l'aborde,
et lui serrant la main :

« Ah ! monsieur, lui dit-il, vous
» avez acquis aujourd'hui des droits
» éternels à ma reconnaissance.

— » Comment cela ?

— » Mon frère vous doit la vie ; c'est
» lui que vous avez sauvé ce matin
» d'une mort certaine, lorsqu'il est
» tombé blessé auprès de vous.

— » Qui vous a dit ?...

— » Lui-même. Il ne vous connaît
» pas ; mais au portrait qu'il m'a fait
» de son libérateur, et lorsqu'il m'a

» eu dit surtout que c'était un élève
» de l'École polytechnique, j'ai de suite
» pensé à vous : ce ne peut être que
» lui, me disais-je, il avait bien dit
» qu'on le rencontrerait où il y aurait
» du danger.

— » J'ai été fidèle à ma promesse.

— » Et moi exact au rendez-vous.

— » Montrons ici du courage; nous
» sommes cernés de toutes parts; il
» faut nous frayer un chemin parmi
» nos ennemis.

— » Attaquons....

— » Oui, oui; attaquons.

— » Et nous les mettrons en fuite.

— » Tâchons de nous emparer du

» poste qu'ils occupent, et de là
» nous pourrons protéger nos amis
» qui sont à la Grève.

— » Vive la France !.... vive la
» Charte ! »

Le combat est engagé ; on fait feu
des deux côtés, et déjà plusieurs
victimes sont tombées de part et
d'autre. L'intrépidité des nôtres
l'emporte. Une grêle de balles pleut
sur les gendarmes. Les uns fuient
en désordre, les autres se rendent ;
plusieurs sont retranchés dans le
poste : ils y ont trouvé des munitions, et tirent par les fenêtres.

Ernest, dont aucun danger ne
peut arrêter le courage, les somme
de se rendre : ils refusent. La porte

est enfoncée; on échange encore quelques coups : la plupart paient de leur vie leur coupable résistance; le reste se rend.

Villecourt est maître du poste; il s'en empare aux cris de

« Vive la France !

« Vive la Charte ! »

On l'entoure, on le félicite, on l'embrasse. Cette victoire est le prélude de mille autres : on reconnaît que c'est à lui qu'on la doit; personne ne songe à lui en enlever la gloire. C'est effectivement lui qui a dirigé le mouvement, et donné l'exemple du courage le plus héroïque.

Il est important de conserver ce poste; ou, du moins, d'empêcher l'ennemi de pouvoir y rentrer. Y laisser quelques braves serait les exposer à une mort certaine; car sans doute la garde royale reparaîtra en force..... En un instant il reste à peine quelques vestiges du corps-de-garde qui existait naguère :

« C'est ainsi que nous voulons
» anéantir les ennemis de nos li-
» bertés. »

Villecourt, dont l'humanité égale la bravoure, s'occupe des blessés; on s'empresse de le seconder dans cette œuvre pieuse. Lorsqu'il s'est assuré que tous sont relevés :

« Maintenant, s'écrie-t-il, volons
» au secours de nos frères ! »

Et chacun se précipite sur ses pas.

Les fusillades se continuaient sur plusieurs points; mais l'affaire paraissait beaucoup plus vivement engagée dans les environs de la porte Saint-Antoine. Le peuple y demandait des secours; Ernest et les siens répondent à son appel.

# CHAPITRE II.

## Le Triumvirat.

Trois hommes sont réunis dans un des plus somptueux hôtels de la capitale.

L'un cueillit autrefois des lauriers qu'il souilla depuis par les plus odieuses trahisons : c'est le maréchal Marmont, le vil duc de Raguse, cet homme lâche et cupide qui trafiqua du sang de ses concitoyens et de l'honneur de sa patrie.

Le second est le détestable Peyronnet, le rédacteur de cette mémorable proclamation où Charles X menaçait ses sujets de sévir contre eux, s'ils ne courbaient pas la tête sous le joug honteux auquel il voulait l'asservir ; Peyronnet, conseiller intime de l'intime conseiller du monarque honteusement dégradé et banni par un peuple juste et magnanime, Peyronnet, *éditeur responsable* des sages ordonnances du 25 juillet.

Le troisième est le prince de Polignac, l'homme du jésuitisme, l'en-

nemi du peuple, l'ami de la féodalité.

Il est assis.

En présence de ses dignes collè-
gues, témoins comme lui de ce qui
se passe dans Paris, il ne cache ni
son inquiétude ni son effroi. Ce n'est
que devant le souverain qu'il abuse,
qu'il revêt le masque d'une trom-
peuse assurance, d'une apparente
tranquillité.

Peyronnet est également fort agi-
té; il se promène à grands pas, et se
frappe parfois le front, en laissant
échapper quelques exclamations : il
semble pressentir le sort qui l'attend.

Marmont est le plus tranquille

des trois. Il médite quelque trahison au moyen de laquelle il pourra
échapper aux dangers qu'il redoute.
Mais le temps où on se servait de ses
pareils est irrévocablement passé.
Aujourd'hui, on hait autant la trahison que les traîtres. C'est le règne
de la concorde et de la bonne foi
que l'on proclame : Marmont et ses
pareils n'ont plus rien à espérer.

Peyronnet rompt enfin le silence.

« Cela devient très-inquiétant, »
dit-il.

— « Pourquoi, s'écrie Polignac,
» n'exécute-t-on pas mieux les or-
» dres que j'ai donnés? Il ne les faut
» pas ménager, d'abord.

— » Et on ne les ménage pas non

» plus, je vous en réponds; mais vo-
» tre excellence ne peut se faire une
» juste idée de l'effervescence du peu-
» ple; elle est portée à un tel point,
» que, pour l'arrêter, il faut d'autres
» moyens que ceux que nous pou-
» vons employer.

—» Comment! on ne peut conte-
» nir cette vile canaille? on ne peut
» l'empêcher de vociférer?...

—» Oh! leurs cris ne sont rien;
» mais ils ont des armes, et leurs
» fusils ne ratent pas plus que ceux
» des nôtres.

— » Les scélérats! il faut tirer des-
» sus à mitraille.

—» Ce serait plus expéditif...; mais

» si l'artillerie refuse de tirer, comme
» l'a fait la ligne?

— » Il faut s'assurer de ses dispo-
» sitions avant de lui donner un tel
» ordre, dit l'astucieux Raguse ; la
» populace est déjà assez exaspérée
» contre nous, et si elle connaissait
» vos intentions, il n'y aurait pas
» d'excès auxquels elle ne serait ca-
» pable de se porter.

— » Prince, nous nous sommes
» embarqués sur une mer bien ora-
» geuse.

— » Comte, vous l'avez voulu
» comme moi.

— » J'ai proposé un biais, et on
» ne l'a pas adopté.

— » Je le regrette, » dit le Polignac.

— « Et moi aussi.

— » S'il en était encore temps?

— » Il n'y faut pas songer. »

Un moment de silence.

« Monsieur le duc?

— » Monsieur le prince.

— » Auriez - vous pensé que les
» choses tourneraient ainsi, vous?

— » Non.

— » Et vous, monsieur de Pey-
» ronnet?

— » Non.

— » Ni moi, je l'avoue; car, sans
» cela, je m'y serais pris autrement

— » Ma foi , à vous parler fran-
» chement, je commence à croire
» que nous aurions reculé pour mieux
» sauter.

— » Il en aurait toujours sauté
» d'autres avant moi.

— » C'est une consolation.

— » L'important est qu'on ne sache
» rien de tout cela à Saint-Cloud,
» reprit Peyronnet, en s'adressant
» particulièrement à l'ex-président
» des ministres.

— » J'ai pris mes mesures pour
» qu'il en fût ainsi, et à cet égard,
» je suis parfaitement tranquille.

— » Dans quelles dispositions
» avez-vous laissé le roi ?

— » Dans celles que nous pouvons
» désirer.

— » Il restera ferme.

— » Inébranlable.

— » Vous croyez ?

— » J'en suis certain.

— » Il faut réchauffer le zèle des
» troupes.

— » C'est votre affaire, maréchal.

— » Les encourager en leur don-
» nant de l'or.

— » Faites-en distribuer. Nous ne
» devons pas viser à l'économie au-
» jourd'hui. —

— » Leur répéter jusqu'à satiété

» qu'en nous servant ils servent la
» France.

— » Et surtout les en convaincre.

— » C'est le plus difficile. »

En ce moment, de lointaines clameurs se font entendre.

Les deux ministres et le maréchal prêtent une oreille attentive : les excellences pâlissent. Marmont paraît inquiet : le bruit augmente ; il devient effrayant. Bientôt on entend distinctement ces cris :

« A bas Polignac ! vivent la Charte
» et la liberté ! »

L'épouvante du *triumvirat* est extrême.

« Les misérables ! dit l'excellence,
» oseraient-ils donc...

— » Ils oseront tout.

— » Eh ! de quoi ne sont-ils pas
» capables !

— » Ils sont capables de tout.

— » Et on les laisserait parvenir
» jusqu'à nous !

— » Ce serait fort mal.

— » C'est à nous de ne les pas at-
» tendre.

— » Ce serait le plus prudent.»

Dans de tels momens, les lois de l'é-
tiquette ne sont plus respectées. Un
de ses gens entre librement chez le
prince : il est pâle ; la terreur dont

son âme est pénétrée a passé jusque
sur ses traits.

«Fuyez, s'écrie-t-il, fuyez, s'il en est
» temps encore : le peuple demande
» votre tête ; il se bat avec fureur
» contre ceux qui s'opposent à son
» entrée dans l'hôtel ; l'avantage est
» de son côté. Vous n'avez pas un
» seul moment à perdre ; peut-être
» même est-il trop tard ! »

Et en achevant ces mots, il ouvre
une porte cachée par les riches ten-
tures.

« Fuyons, fuyons ! »

S'écrient les trois complices ; et ils
se précipitent dans un passage se-
cret qui les conduit hors du palais.

Ils se séparent.

Marmont court exécuter ses plans de séduction. Peyronnet, tout tremblant, va préparer sa fuite, et pense au déguisement qu'il devra choisir pour l'effectuer.

Polignac se rend à Saint-Cloud. Pendant le trajet, il cherche à se remettre d'une si chaude alarme. Il compose si artistement son visage et son maintien, qu'il a presque l'air radieux lorsqu'il arrive au château; aucune trace de la frayeur qu'il vient d'éprouver ne se remarque sur ses traits lorsqu'il se trouve en présence du roi.

## CHAPITRE III.

La Chasse aux mouches.

Le canon n'avait pas encore tonné, et le bruit des fusillades n'était pas parvenu jusqu'à la résidence royale.

Le perfide ministre n'avait rien perdu de la confiance et des bonnes, grâces de son *auguste* maître.

Charles, cependant, était triste et

de fort mauvaise humeur. On lui avait représenté qu'il ne serait pas prudent à lui de beaucoup s'éloigner, et, par le beau temps qu'il faisait, il regrettait vivement de ne pas pouvoir aller tourmenter les hôtes de la forêt de Saint-Germain.

Quelques soucis ombrageaient donc son front royal. Il ne reçut pas le ministre avec son affabilité accoutumée, et le courtisan craignit un moment que la vérité ne fût connue; sa frayeur fut promptement dissipée.

Charles posa à côté de lui un livre mystique dont il avait par désœuvrement parcouru quelques pages.

« Eh bien ! dit-il en se levant, que

» fait-on, que dit-on dans notre ca-
» pitale?

— » Rien qui puisse intéresser
» votre majesté.

— » J'en suis ravi. Je peux donc
» aller à la chasse?

— » Je suis au désespoir d'être
» forcé de contrarier les intentions
» de Votre Majesté; mais je ne crois
» pas qu'il soit prudent à elle de s'é-
» loigner aujourd'hui du château.

— » Enfin, il y a donc des craintes
» à avoir?

— » Non, pas précisément; mais
» la vie de Votre Majesté nous est
» tellement précieuse....

— » Comment donc, prince, est-

» ce que mes jours seraient mena-
» cés ?

— » Sire, vous le savez, on a
» tout à craindre des libéraux. Fu-
» rieux de voir leur cause perdue
» sans retour, ils pourraient, dans
» les premiers momens de leur rage,
» essayer de.....

— » Les monstres !... Si je me fai-
» sais conduire à Fontainebleau?...

— » Que Votre Majesté soit per-
» suadée qu'elle ne court ici aucun
» danger. Je puis lui en donner la
» positive assurance. Douterait-elle
» de mon zèle ?

— » Non ; mais....

— » C'est peut-être de ma part

» un excès de prévoyance dont Sa
» Majesté ne peut cependant me faire
» un reproche.

— » Eh! mon cher, vous savez
» bien que je n'ai pas l'habitude de
» vous en adresser : je vous dois
» même des remercîmens pour le
» soin que vous prenez à notre con-
» servation et au maintien du bon
» ordre dans mon royaume; mais
» en vérité, il m'est bien permis de
» me plaindre : conçoit-on qu'une
» poignée de sujets factieux me force
» à rester claquemuré par un temps
» comme celui-ci : Prince, il faut
» châtier ces rebelles, il faut sévir
» contre eux et sévèrement, enten-
» dez-vous?

— » Que Sa Majesté daigne s'en
» rapporter à mon zèle.

— » Moi qui me sentais en si
» bonne disposition : j'aurais fait des
» merveilles aujourdhui...... enfin,
» je puis me considérer ici comme
» prisonnier.

— » Sire, j'en suis désolé!... mais
» vous savez ce dont ils sont capa-
» bles.....

— » Si je le sais.....

— » Surtout dans ce moment, où
» battus sur tous les points....

— » On se bat donc!!!

— » Non, Sire, je veux dire par
« là.....

— » Ah ! vous parliez au figuré....
» Que ne puis-je battre la plaine !...

— » Demain, Sire, Votre Majesté
» pourra sans obstacle se livrer à ses
» nobles plaisirs, et surtout sans ex-
» citer les craintes de ses fidèles
» sujets.

— » Si je m'amusais à passer
» en revue les troupes qui sont au
» château ?

— » Non, sire ; on croirait que
» vous voulez vous mettre sur la
» défensive.

— »Tandis que c'est l'offensive que
» nous avons prise, n'est-ce pas,
» cher prince ?

— » Oui, Sire.

— » Cependant, il faut que je fasse
» quelque chose aujourd'hui, ne
» fût-ce que des ordonnances.

— » Sire, j'ai l'honneur de vous
» prêter une oreille attentive. Dictez-
» moi vos augustes volontés et vous me
» trouverez toujours prêt à en hâ-
» ter l'exécution.

— » D'abord, je suis très-mécon-
» tent de messieurs les Parisiens qui
» m'empêchent d'aller à la chasse....
» Vous êtes sûr qu'ils ne bronchent
» pas?....

— » Sire, peut-être encore quel-
» ques mauvaises têtes....

— » Il faut, puisque nous sommes
» en train, frapper un dernier coup.
» Qu'en pensez-vous?

— » Sire, m'est-il permis d'avoir
» un avis contraire à celui de Votre
» infaillible Majesté?

— » Il faut leur prouver de la fer-
» meté, n'est-ce pas?

— » Oui, Sire.

— » Eh bien! soyez tranquille, il
» ne leur sera plus possible de douter
» que j'en ai et beaucoup.

— » Que ferez-vous pour cela,
» Sire?

— » Je veux, pour leur apprendre
» à vivre, mettre leur ville en état de
» siége.

— » Sire, voilà un projet digne
» de vous.

— » N'est-ce pas?

— » Il est d'une sagesse...

— » Qu'en peut-il résulter? car
» vous savez que je ne suis guère au
» fait de tout cela....

— » Mais, sire, il en peut résulter
» beaucoup de chose....

— » Quoi, encore?

— » 1° Le pillage de votre bonne
» ville de Paris.

— » Ah! ah!

— » 2° Le massacre de ses habi-
» tans.

— » Oh! oh! ils ne seront plus
» tentés une autre fois de m'empê-
» cher d'aller à la chasse quand bon
» me semblera.

— » 3° La guerre civile par toute
» la France.

— » Eh bien ! la France et Paris
» n'auront que ce qu'elles méritent.
» Vit-on jamais une conduite plus in-
» jurieuse que celle que l'on tient à
» mon égard?... Ils se sont exposés à
» ma colère; qu'ils reçoivent le châ-
» timent que mérite leur crime !

— » Et il est de fait que le leur est
» affreux.

— » C'en est un de lèze-majesté.

— » C'est vrai, Sire.

— » Aussi, je suis dans une fureur...
» Ah ! je pense, je vais demander un
» fusil et m'amuser à tirer des hiron-
» delles au vol.

— » Gardez-vous en bien , Sire.

— » Et pourquoi donc?

— » On croirait que l'on investit le
» château.

— » Oh ! les scélérats ! ils m'enle-
» vent jusqu'à ma dernière ressour-
» ce... Ils ne savent donc pas que l'i-
» naction m'est insupportable... je
» veux faire bombarder leur ville.

— » Sire...

— » Je le veux : c'est mon bon plai-
» sir. Que mes ayeux étaient heureux!
» ils n'avaient que cela à dire et ils
» étaient obéis sans réplique , tandis
» que moi... les coquins... ils ne pour-
» ront toujours pas m'empêcher de
» chasser les mouches qui m'importu-
» nent.

— » Ah! quant à cela, Sire, je n'y
» vois aucun inconvénient.

— » C'est fort heureux.

— » Sire....

— » Eh bien?

— » Votre Majesté est-elle réelle-
» ment dans l'intention de mettre sa
» rebelle capitale en état de siége?

— » Oui, certainement... en voilà
» une... très-certainement.

— » Sire, je vais m'empresser de
» communiquer cet ordre....

— » Oui, oui, allez promptement...
» encore une.... ah! coquine, cela
» t'apprendra à piquer un roi de
» France...

— » Je retourne donc.

— » Faites diligence... j'ai manqué » celle-là... châtiez-moi ces rebelles.., » et qu'ils sachent à qui ils ont affaire.

— » Sa Majesté n'a pas d'autres or= » dres?....

— » Non... attendez, si vous pen- » sez que je puisse chasser dans le pe- » tit parc, envoyez-moi de suite un » courrier....

— » Sire, je crains....

— » Enfin, vous verrez... et de » trois. »

Polignac prend congé et vient tout joyeux transmettre au duc de Raguse les expresses volontés du doux Char- les.

## CHAPITRE IV.

Jules et Octave.

———

Ernest ne s'était pas trompé en pensant que , sans doute, on s'opposait à ce que ses camarades vinssent unir leurs efforts à ceux que faisait le peuple pour reconquérir ses droits.

Le bruit des fusillades s'était fait entendre jusques chez eux, et tous

brûlaient du désir de prendre part à
l'action ; mais les ordres les plus for-
mels avaient été donnés pour qu'on ne
laissât sortir qui que ce fût de l'école.
Ils étaient donc forcés de ronger leur
frein en attendant qu'on les en déli-
vrât.

Dans ces momens où le sang-froid
est le plus nécessaire, on est presque
toujours certain de le perdre.

On avait enjoint au concierge de
l'Ecole polytechnique de fermer soi-
gneusement les portes. Celui-ci se
contenta de retirer les clés des ser-
rures et de fermer les verroux, sans
réfléchir qu'ils s'ouvraient en dedans.

« Maintenant, dit-il en rentrant
» chez lui, il faudra, si nos jeunes

» gens veulent aller se mêler de tout
» ça, qu'ils escaladent les murs; car
» de la manière dont tout est clos, on
» enfoncerait plutôt la porte que de
» l'ouvrir »

Chaque décharge qu'elle entendait faisait tressaillir cette bouillante jeunesse.

Jules et Octave se faisaient des signes d'intelligence :

« Ne trouveras-tu donc aucun
» moyen d'échapper à nos geoliers?
» disait le premier.

— » J'attends que la nuit soit ar-
» rivée, répondait le second, et je se-
» rai bien malheureux si je ne par-
» viens pas alors à m'évader.

— » Mais en attendant, on égorge
» les nôtres.

— » Et nous mourons d'envie de
» les défendre.

— » Que faire?

— » Patienter.

— »Ce coquin d'Ernest est-il donc
» heureux !

— » C'est vrai!

— » Notre tour va venir.

— » Je voudrais qu'il fût venu.

— »Trouve un moyen.

— » Si nous défoncions la porte?

— »Sans la défoncer, si nous pou-
» vions l'ouvrir !

— » Essayons toujours : que ris-
» quons-nous ?»

En ce moment, une forte déton-
nation se fait entendre ; tous les
jeunes gens se lèvent par un mouvement spontané. Jules et Octave
s'élancent ; deux de leurs camarades
les suivent. Ils prient le concierge
de leur ouvrir la porte : celui-ci les
refuse.... Ils insistent.... Il ne peut
transgresser les ordres qu'il a reçus ;
il n'ouvrira pas.

Jules ébranle la porte de ses bras
vigoureux..... Oh ! bonheur, le ver-
rou est tiré ; elle n'est pas fermée à
double tour ; elle s'ouvre, elle est
ouverte.

Jules pousse un cri de joie; il appelle son ami :

« Octave ! nous sommes libres;
» viens ! »

Un cri de joie répond au sien; plusieurs élèves suivent leur exemple :
craignant d'être poursuivis, ils cou-
rent jusqu'à ce qu'enfin ils sont forcés de s'arrêter pour reprendre ha-
leine. On ne songeait pas à les retenir; leur noble élan avait prouvé
à leurs chefs qu'il serait impossible
d'en arrêter l'impétuosité.

On annonça à leurs camarades
qu'ils étaient libres de sortir : mais
la nuit était survenue; les fusillades
avaient cessé : tout était probable-

ment suspendu jusqu'au lendemain; on se décida à l'attendre.

La nuit s'écoula sans que le sommeil vînt visiter aucun d'eux. On veillait en s'entretenant des événemens de la veille; on cherchait à prévoir ceux du lendemain, et on se promettait de coopérer de son mieux à assurer le triomphe du peuple. Eh! malgré tous les efforts de la jésuitique caste, quels autres sentimens pouvaient animer la jeunesse du dix-neuvième siècle? Des premiers principes que nous recevons dépendent presque toujours ceux que nous professons pendant le cours de notre existence, et ils n'étaient nullement conformes aux vues des disciples de Loyola ceux que nous tenions de nos pères. Ils nous avaient, au contraire, appris à nous tenir en garde contre les séductions qu'ils emploient pour attirer dans leurs rangs ceux qu'ils croient pouvoir servir à l'exécution de leurs projets. Nous savons tous avec quelle adresse ils sèment et nourrissent la division en prêchant la concorde : leurs perfides insinuations ne nous peuvent plus abuser; et comme la perfidie n'est dangereuse que lorsqu'elle n'est pas connue, nous n'avons plus rien à redouter de ces méprisables ennemis. L'hydre féodale que nous avons renversée les a écrasés en retombant sur eux.

# CHAPITRE V.

## Les Barricades.

ERNEST et ses compagnons arrivèrent au moment où les gendarmes se repliaient sur le boulevard et cédaient la victoire aux patriotes. Tous regrettaient d'avoir manqué une occasion de terrasser quelques ennemis.

La tranquillité étant rétablie dans ce quartier, il se dirigeait vers la Grève avec une suite assez nombreuse. Arrivé en face du Pont-Marie, il distingue dans l'ombre, qui commençait à s'épaissir, deux jeunes gens revêtus de l'uniforme de l'École polytechnique qui marchaient avec précipitation.

Il a le pressentiment que ce sont ses amis; il ne se trompe pas: c'est Jules, c'est Ernest; tous trois s'embrassent:

« Où en sommes-nous? » dit le bouillant Octave.

— « Nous marchons au succès, » répond Ernest ; déjà plusieurs

» postes se sont rendus. La ligne
» s'est conduite on ne peut mieux?

— » Qu'a-t-elle fait ?

— » Elle a refusé de tirer sur
» nous. Les Suisses et la garde sou-
» tiennent seuls une cause insoutena-
» ble; ils mettront bas les armes, ou
» demain ils seront tous foudroyés.

— » Le peuple est d'accord?

— » Il ne règne qu'une opinion.

— » Les royalistes?

— » Il ny en a plus.

— » Bah!

— » Ou du moins ils se sont ren-
» dus invisibles.

— » Et le roi?

— « On ne sait trop où il est. Les
» uns prétendent qu'il est à Fontai-
» nebleau, d'autres à Compiègne ;
» mais il paraît certain qu'il est en-
» core à Saint-Cloud.

— » Et Polignac ?.... On aurait dû
» s'assurer de sa personne.

— » On l'a malheureusement man-
» qué de quelques minutes.

— » Ah ! diable !

— » On le retrouvera.

— » Il faut l'espérer.

— » En attendant, il me paraî-
» trait nécessaire de prendre des pré-
» cautions. Il ne se verse pas une
» goutte de sang qui ne doive exci-
» ter nos regrets.

—» Ah! mon ami, déjà cette rixe
» a coûté la vie à beaucoup de nos
» compatriotes.

— » On devrait faire des barri-
» cades pour empêcher la cavalerie
» de pénétrer dans les rues : de cette
» manière, on pourrait également se
» rendre maître de l'infanterie, et le
» sang des nôtres serait épargné.

—» Cette idée est heureuse.

— » Mettons-la à exécution! s'é-
» crie-t-on de toutes parts.

— » Oui, mes amis, dépavons les
» rues ; élevons des retranchemens
» derrière lesquels nous pourrons
» combattre nos agresseurs.

— » Bravo ! à l'ouvrage ! et vive
» la liberté ! »

(Et chacun se dispose à mettre la
main à l'œuvre.)

« Jules, je me charge de ce quar-
» tier ; toi, va dans d'autres engager
» les bons citoyens à suivre notre
» exemple.

— » Je vais aller du côté des bou-
» levards, répondit-il.

— » Et moi, continua Ernest, je
» retourne dans les environs du Pa-
» lais-Royal.

— » Prenez-garde à vous, dit quel-
» qu'un ; du côté du ministère de
» l'intérieur, les boulevards sont cou-

» verts de troupes qui ne sont rien
» moins que bien disposées.

— » Nous les forcerons à nous
» céder la place.

— » Elles ont de l'artillerie.

— » Nous la leur enlèverons.

— » Oui, allons les vaincre ! du
» courage, de l'union, et

» Vive la Charte !

— » Vive la Charte ! » répètent
mille voix.

Les pavés sont arrachés, et le
rempart commence à s'élever. Le
nombre des travailleurs s'accroît de
moment en moment. Chaque pas-
sant fournit une preuve de zèle, et

va plus loin donner l'exemple qu'il a suivi.

L'infatigable Ernest est déjà loin.

Parvenu au haut de la rue de l'Arbre-Sec, il entend une nouvelle fusillade. On se bat du côté des Halles; il y court, et désarme deux de nos ennemis.

Les balles sifflaient à ses oreilles : ce bruit, précurseur de la mort, au lieu de l'effrayer, ranime son courage; c'est encore lui qui, le premier, entre dans le poste que le peuple vient de conquérir.

On ne peut trop répéter que, dans sa marche triomphale, ce peuple, si dédaigné de ses oppresseurs, joignait à une valeur sans égale une générosité dont aucun de ceux qui le méprisaient n'a jamais fourni un exemple. Aucune plainte ne sortait de la bouche des blessés; ils les étouffaient, pour ne pas abattre le courage de leurs frères d'armes.

Un jeune homme de dix-huit ans avait eu le genou fracassé par une balle. Villecourt et deux de ses compagnons le transportaient chez un médecin qui avait établi chez lui une ambulance. Pendant le trajet, l'infortuné ne put retenir quelques cris de douleur.

« Vous souffrez beaucoup? » lui demanda Ernest.

— « Oui, mais surtout du regret

» d'être déjà mis hors de combat. »

Un dévouement semblable se retrouvait dans tous les cœurs ; chacun faisait abnégation de soi-même, pour ne s'occuper que du salut public. Avec de tels sentimens n'étions-nous pas invincibles, et nos tyrans ne donnaient-ils pas une preuve de démence en prétendant encore l'emporter sur nous ?

## CHAPITRE VI.

### L'Amputation.

Après avoir examiné la blessure, le médecin jugea que l'amputation était indispensable, et qu'il était même urgent d'y procéder sur-le-champ. Tout le sang d'Ernest reflua vers son cœur en entendant ce cruel arrêt. Le jeune héros demeura calme :

« Monsieur, dit-il au médecin, je
» suis prêt à tout : puis s'adressant
» à Villecourt : et vous, dont j'ai tant
» admiré le courage, vous, dont j'ai
» cherché à suivre le noble exemple,
» daignerez-vous accéder à la prière
» que j'ai à vous adresser?

— » Disposez de moi! » et malgré
lui des larmes s'échappaient de ses
yeux.

— « Ne m'abandonnez pas dans
» ce moment cruel. Votre vue sou-
» tient mes forces : j'ai combattu à
» vos côtés, vous n'êtes plus un étran-
» ger pour moi. »

Ernest serra la main qui lui était
offerte; mais il était trop ému pour
pouvoir répondre.

« Si je succombe, reprit le
» jeune homme, veuillez vous char-
» ger de remettre ce portefeuille à
» la personne dont l'adresse se trouve
» sur le premier feuillet, c'est un
» ami. Il informera ma famille de
» mon sort. Je ne m'en plains pas.»

Ernest prit le portefeuille. Le médecin reparut avec deux autres disciples d'Esculape. Ils déclarèrent que
l'opération devait être faite sur-le-
champ, et se mirent en devoir d'y
procéder. Elle fut longue et doulou-
reuse. Le patient la supporta avec
un courage inouï, et lorsque tout
fut terminé, il réunit ses forces pour
crier encore :

« Vive la France!»

Puis il dit à Ernest:

« Je ne vous retiens plus; si je gué-
» ris je vous demanderai votre ami-
» tié. En me l'accordant, vous me ré-
» compenserez de ce que je viens de
» souffrir.

— » Elle vous est à jamais acquise,
» oui, vous vivrez et la patrie s'ac-
» quittera envers vous. »

Villecourt profondément ému par
la scène qu'il vient d'avoir sous les
yeux, est de retour parmi ses frères
d'armes. Tout-à-coup, un bruit ex-
traordinaire frappe son oreille.

« Ecoutons , dit-il , il me semble
» que j'entends le tocsin. »

On écoute : c'est bien lui. C'est aux Petits-Pères qu'on le sonne.

« On veut forcer les gendarmes à » céder le poste de la Bourse, ils résis- » tent, » dit une voix.

Villecourt n'en veut pas savoir davantage ; il part comme un trait.

Un arquebusier se trouve sur sa route : il n'a plus de munitions, il entre pour s'en procurer, il veut payer :

« Vous plaisantez, lui répond-on, » je vends gratis aujourd'hui et je » n'ai pas encore autant de débit que » je le désirerais. »

Un sourire et un serrement de

main sont la réponse d'Ernest. Il est déjà loin.

Une foule immense garnissait la place de la Bourse. Ernest fend la presse et parvient jusques près du corps-de-garde, occupé encore par les gendarmes.

« Ils se rendent, crie-t-on, il faut » les épargner.

— » Non, non, crient mille voix, » ils sont teints du sang de nos frères; » il demande vengeance, il faut le » satisfaire.

— » Qu'ils périssent!

— » Amis, s'écria Ernest, ne souil- » lons pas la gloire de nos armes par » un acte de cruauté. Tout ennemi

» qui se rend a des droits à la clé-
» mence du vainqueur.

— » Ils n'en eussent pas eu pour
» nous s'ils eussent été les plus forts.

— » Il faut les traiter comme
» ils nous auraient traités nous-
» mêmes.

— » Et voulez-vous donc que nous
» les imitions, voulez-vous que nous
» nous rendions coupables parce
» qu'ils l'auraient été? ne suivons pas
» leur exemple; au contraire, mon-
» trons-leur que nous sommes dignes
» d'être pris pour modèle. Notre cause
» est si belle!...il ne faut pas que ceux
» qui la font triompher puissent en-
» courir le moindre reproche. Croyez-
» moi, accordez la vie à ces malheu-

» reux, désarmez-les seulement......
» que les armes des esclaves du des-
» potisme servent dans nos mains à
» assurer le triomphe de la liberté.

— » Bravo ! crie-t-on de toutes
» parts.

— » Qu'ils mettent bas les armes !
» qu'ils crient : vive la Charte, et
» qu'ils soient libres.

— » Allez recevoir leurs armes,
» vous qui les avez sauvés, vous
» méritez cet honneur.

—» Quel est donc ce jeune homme?
» se demande-t-on.

— » C'est un élève de l'École po-
» lytechnique.

— » Ah ! nous ne nous étonnons

» plus de tant de mérite , disent
» les uns.

— » Il est digne de l'uniforme
» qu'il porte.

— » Vive le brave élève , crient
» plusieurs voix. »

Pendant ce temps, Ernest a con-
sommé l'acte de modération qu'il a
conseillé. Les malheureux qui lui
doivent la vie jettent sur lui des regards attendris.

A peine sont-ils hors du corps-de-
garde qu'il est envahi par les vain-
queurs.

« Il faut anéantir ce dernier asile
» des suppôts de la tyrannie , dit un
» des assistans. »

A l'instant même le feu est mis au
frêle bâtiment , qui , construit en
planches , est bientôt la proie des
flammes. Elles éclairent la Bourse
d'un nouveau jour qui se répand
jusques dans les rues voisines.

Le tableau que présente cet incendie est magnifique : un concours
immense de citoyens viennent en
contempler la beauté. On crie :

« Vive la Charte ! vive la liberté !

» Ce feu est d'un bon augure, dit
» quelqu'un ; je me souviens que
» dans nos campagnes , on en al-
» lume toujours un la veille des
» grandes fêtes , et celle qui se pré-
» pare sera une des plus sollennelles
» qui ayent été jamais célébrées par
» les Français. »

Ernest a reconnu cette voix : il se retourne ; c'est bien lui , c'est le vieillard de la veille. Ce dernier l'a également reconnu.

« Bien , jeune homme , lui dit-il,
» très-bien , vous venez de faire une
» belle action et votre conduite de
» tout le jour y a répondu ; j'en suis
» certain. Cent hommes comme vous
» et la France est sauvée. »

Et le vieillard pressait la main de Villecourt.

— « Je ne fais que mon devoir ,
» répondit-il.

— » Eh bien ! continuez comme
» vous avez commencé et votre nom
» sera placé d'une manière honora-
» ble parmi celui des défenseurs de

» la patrie. Jeune homme , dans un
» moment tel que celui où nous
» nous trouvons , la valeur ne suffit
» pas : la modération , la générosité,
» doivent être ses compagnes. Ces
» trois vertus se trouvent réunies en
» vous , enseignez-en la pratique à
» vos frères, et vous aurez bien mé-
» rité de la patrie. »

Octave rejoignait Ernest en ce
moment et le vieillard s'éloigna.

Octave avait également trouvé l'occasion de signaler son courage. Il s'é-
tait emparé d'un poste occupé par la
garde royale. Il avait entendu dire
que l'on se battait à la Bourse et y
était accouru.

Avant de l'avoir retrouvé, il savait

déjà tout ce qu'avait fait Ernest. Le récit de sa belle action volait de bouche en bouche, les félicitations d'un ami sincère lui firent éprouver une douce émotion. Avant que les autres aient jugé nos actions, déjà nous l'avons fait nous-même. Le témoignage de notre conscience est certainement le plus précieux de tous; mais lorsqu'il s'y joint encore des éloges que nous savons mériter, c'est une double récompense que nous retirons d'un acte de dévouement et de bienfaisance. Heureux, mille fois heureux ceux qui en ont savouré la douceur. De tous les plaisirs que nous pouvons goûter, celui-là est le plus pur et le plus délicieux.

## CHAPITRE VII.

La Chasse manquée.

LA nuit a de nouveau couvert Paris de ses voiles funèbres. Les postes qui sont encore occupés par la garde, se tiennent sur la défensive. On entend de loin en loin quelques coups de fusil; mais ce bruit cesse bientôt entièrement.

La ville est paisible comme si la journée qui vient de s'écouler n'avait été troublée par aucun événement. Cependant l'obscurité dans laquelle se trouve la capitale n'est pas habituelle. Toutes les lanternes sont brisées. Amis et ennemis pourraient impunément se rencontrer sans qu'il leur fût possible de se reconnaître.

Les journaux du soir ont été on ne peut plus insignifians. Il existe encore une ombre de l'odieux pouvoir qui doit incessamment le céder à un plus légal ; déjà on le brave et on le méprise. On parle hautement. Dans les cafés, dans les lieux publics, on ne craint plus de manifester l'indignation qu'excitent les exactions. Les politiques donnent le champ

libre à leurs suppositions. On pro-
page des bruits, les uns fort alar-
mans, les autres très-rassurans, et
qui prouveraient que nos ennemis
commencent à reconnaître notre
supériorité. C'est ainsi que l'on prétend que Charles X effrayé a pris la
route de Fontainebleau; mais le fait
est qu'il n'a pas encore bougé de
Saint-Cloud, où nous l'avons laissé
chassant les mouches, faute de
mieux. En vain il attend le courrier
qu'il a chargé son confident de lui
envoyer : ce retard l'inquiète, et il
dit avec humeur à son digne héritier :

« Antoine, mon fils, voilà une
» triste journée pour notre majesté,
» combien de faisans et de lapins

» doivent la vie à ces enragés Pari-
» siens qui s'avisent de faire les ro-
» domonts. Oh! ils me le payeront....
» Antoine, mon fils, que penses-tu
» de tout cela... On a quelquefois vu,
» m'a-t-on assuré, des ministres
» tromper leurs souverains... si le
» nôtre était dans ce cas... s'il nous
» cachait la vérité, s'il y avait là bas
» plus de grabuge qu'il ne veut nous
» le dire.

— » Sire, mon père, il vous le
» laisse à deviner.

— » Dauphin, mon fils, devines-
» tu, toi?

— » Sire, mon père, je ne suis
» pas fort pour trouver le mot d'une
» énigme.

— » Antoine ?

— » Sire.

— » Je crains.

— » Quoi ?

— » Tout.

— » Vous m'effrayez.

— » Encore deux jours comme
» celui-ci , et si le Tout-Puissant n'a
» pitié de moi, je suis un roi mort.

— » Sire , j'en serais vraiment
» très-fâché !

— » Je veux le croire, Antoine ,
» tu es un bon fils.... ah ! si je m'en
» étais rapporté à ce que m'a dit ta
» femme.

— » Sire, vous auriez été à la
» chasse aujourd'hui.

— » C'est pourtant vrai, et je n'au-
» rais pas été forcé pour me distraire
» de chasser les mouches de mon
» appartement.

— » Sire, vous n'êtes pas le pre-
» mier roi qui prenne cette distrac-
» tion. Oui, il y avait une fois
» un roi de Rome qui en faisait
» autant.

— » Dauphin, est-ce pour vous
» rire? que voulez-vous dire, avec
» votre roi de Rome? Feriez-vous
» une mauvaise allusion?

— » Ah! Sire.

— » C'est que ce serait fort dé-
» placé : apprenez que les rois de
» Rome sont des papes, et que nos

» saints pères ne sont pas des gobe-
» mouches. De plus, on ne doit ja-
» mais parler d'eux qu'avec le plus
» profond respect.

— » Oui, Sire.

— » Ah! c'est que vous autres
» jeunes gens, vous êtes toujours
» prêts à vous moquer des person-
» nes *raisonnables*.

— » Ah! Sire!

— » Revenons-en à M. de Polignac,
» je suis presque tenté de lui en vou-
» loir de m'avoir si vivement pressé.

— » Sire, il ne tenait qu'à votre
» Majesté de ne pas *ordonnancer*.

— » Dauphin, cela vous est bien

» facile à dire. D'ailleurs, je n'ai pas
» de défense, moi.

— » Sire, à bien considérer, vos
» dan.....

— » Que voulez-vous dire?

— » Vos dangers ne sont qu'ima-
» ginaires.

— » Dieu le veuille..... mais quel
» est encore l'importun qui vient
» troubler notre Majesté?..... C'est
» une dépêche.

— » De qui?

— » De la Dauphine.

— » Déjà!

— » Lis, Antoine.

— » Sire, l'écriture de la princesse

» est tant soit peu difficile, et j'ai
» peine à la déchiffrer.

— » Et moi je ne peux pas la lire
» du tout.

— » Voilà qui est embarrassant.

— » Je voudrais seulement savoir
» si elle nous menace de son retour !

— » Et vos ordres, Sire.

— » Mes ordres ?

— » Oui, Sire.

— » Elle s'en moque bien.

— » Ah! quand je serai roi.

— » Tu ne le seras jamais.

— » Comment cela ?

— » Eh! non, elle régnera en ta

» place, n'est-elle pas déjà ton
» maître?

— » Et le vôtre donc?

— » Antoine!

— » Sire.

— » Vous raisonnez, je pense :
» apprenez que j'ai du caractère
» quand je veux, de la fermeté, du
» courage.

— » Oui, c'est pour cela que vous
» n'avez pas résisté aux instances de
» M. de Polignac, et que vous n'êtes
» pas allé à la chasse aujourd'hui.

— » Nous avions nos raisons
» royales pour tout cela, entendez-
» vous, jeune homme..... d'ailleurs,
» nous nous sommes vengé de la

» privation que l'on nous imposait.

— » Les commandemens de Dieu
» défendent la vengeance.

— » Vous ne savez ce que vous
» dites, ce sont ceux de l'église, et
» ce que l'église fait et prescrit, elle
» peut dans des circonstances ur-
» gentes, le défaire et le contredire,
» sans qu'il soit permis à aucun laï-
» que de le trouver mauvais. Ainsi,
» j'ai reçu par anticipation, des in-
» dulgences plénières, pour tous les
» actes de vengeance qu'il me plai-
» rait de diriger contre un peuple
» rebelle, comme pour tout ce que
» ces séditieux appellent les *viola-
» tions* de la Charte.

— » Il faut convenir aussi que
» vous avez juré de la respecter.

— » Qu'est-ce que ça fait, ça?

— » Ça fait, ça fait.....

— » Dauphin, je veux bien vous
» dire que je n'ai juré de la main-
» tenir, que de paroles; mais qu'une
» bonne restriction mentale m'a
» laissé le champ libre.

— » Fallait donc le dire.....

— » Dauphin, vous avez par fois
» des expressions.....

— » Que c'est commode cette res-
» triction mentale!

— » C'est une belle invention.

— » Que nous devons?...

— » A la compagnie de Jésus. Ah!
» que d'obligations je lui ai.... c'est
» un de ses membres qui m'a donné
» l'idée de la noble vengeance....

— » En quoi consiste-t-elle?

— » J'ai fait mettre Paris en état
» de siége.

— » Avec une restriction men-
» tale?

— » Non.... beau jeu, bel argent.

— » En vérité?...

— » Comme je te le dis, mon fils
» Antoine. Ah! c'est que quand je
» m'y mets.....

— » Qu'est-ce qui s'est chargé de
» cette belle mission?

— » Polignac.

— » Et il assiégera Paris à lui tout
» seul.

— » Et le prendra, si besoin est,
» entendez-vous, monsieur le raison-
» neur; mais vous avez envie de
» vous faire mettre aux arrêts, je
» crois.

— » Vous feriez mieux d'y mettre
» tous vos sujets.

— » Vous dites....

— » Rien, Sire.

— » Vous avez dit, et je veux
» savoir quoi? Qui diable donc vous
» a si bien pendu la langue ce soir?

— » Mais personne que je sache.

— » Eh bien! taisez-vous ou je

» vous défends la chasse pour huit
» jours. Je ne vous ai jamais vu si
» contrariant. »

Antoine s'éloigna en se dandinant
et de fort mauvaise humeur.

# CHAPITRE VIII.

## La Terreur.

———

A peine était-il hors de l'apparte-ment que Polignac se présente. Pour cette fois, il ne dissimule plus son anxiété. Les événemens de la soirée, ceux qui se préparent pour le len-demain, ont excité les alarmes.

A son aspect, Charles saisi d'une

terreur profonde, se laisse tomber
sur son fauteuil, et incapable d'arti-
culer un mot, il attend que le ministre de ses fureurs puisse s'expliquer.
Il parle enfin :

« Sire, je voudrais en vain le dis-
» simuler à Votre auguste Majesté,
» les jacobins, les libéraux menacent
» le trône et l'autel.

— » Il serait vrai.... les infâmes!
» ils oseraient !....

— » Voilà, Sire, l'exacte et terri-
» ble vérité.

— » Prince, en êtes-vous bien
» sûr ?

— » Je le jure....

— » Sur.....

— » L'honneur.

— » C'est un conte.... on veut vous
» effrayer.

— » Sire, j'ai entendu de mes oreil-
» les ces misérables demander....

— » Quoi?

— » La liberté et la Charte.

— » Les impudens!

— » Ils osent menacer Votre Ma-
» jesté.

— » De quoi?...

— » De saper son trône.

— » Vous en êtes le soutien.

— » Ah! Sire.

— » Polignac, le laisseriez-vous
» tomber?

— » Ah! Sire!

— » Vous m'avez juré de le sou-
» tenir!

— » A l'impossible nul n'est tenu,

— » Ah! Prince!

— » Ah! Sire!

— » Que faire?

— » Je ne sais.

— » Qu'on les fusille tous.....

— » Sire, je crains que ce ne
» soient eux qui...

— » Ah! Prince, ne parlez pas
» ainsi, vous me faites mourir de
» frayeur. Si j'avais le courage de
» monter à cheval, de me mettre à
» la tête de mes troupes, ma pré-

» sence en imposerait peut-être à la
» multitude ; mais je l'avoue, je n'ose.
» Il me vient une idée...

— » Je vous écoute, Sire.

— » Si j'envoyais le Dauphin.

— » Il n'ira pas.

— » Je voudrais bien qu'il s'avisât
» de me désobéir : il ne manquerait
» plus que cela que je trouvasse des
» rebelles jusque dans ma famille. »

Il donne l'ordre d'appeler le Dauphin, qui se fait un peu attendre. Le despote était prêt à perdre patience, lorsque son noble héritier arriva.

« Dauphin ?

— » Sire ?

— » Qu'on monte à cheval.

— » Est-ce que nous allons à la
» chasse.

— » Il s'agit bien de cela.

— » De quoi donc ?

— » Vous avez pacifié l'Espagne ?

— » Je ne dis pas le contraire.

— » Il faut pacifier la France.

— » C'est une autre affaire.

— » Je veux que vous alliez dire
» de ma part à ces mal-appris de Pa-
» risiens, que s'ils ne se soumettent
» pas à l'instant même, je saurai bien
» les y forcer.

— » Sire, mon père, je ne me
» chargerai pas d'une telle mission.

— » Quoi! vous osez.

— » Au contraire, je n'ose pas.
» Allez-y vous-même.

— » Antoine, mon fils, veux-tu
» exposer ton roi, ton père, à se faire
» massacrer?

— » Charles; mon père, voulez-
» vous donc faire verser le sang de
» votre fils?

— » Polignac, il faut pourtant que
» vous nous tiriez de là; car enfin,
» c'est vous qui nous y avez mis.

— » Je ne prévoyais pas...

— » Il fallait prévoir. La Dauphine
» nous avait bien dit..; mais, tenez,
» voilà une de ses dépêches, faites-
» nous en connaître le contenu. »

Le ministre ouvre la lettre, la par-
court, et dit seulement :

« S. A. R. annonce son prochain
» retour.

— » Je voudrais qu'elle fût ici,
» elle a des ruses de guerre....

— » Il ne s'agit plus de ruse, il faut
» des forces pour leur résister, et nos
» troupes...

— » Elles ont bien pris Alger, et
» je pense...

— » Sire, Paris ne se laissera pas
» prendre aussi facilement qu'Alger.

— » Et que le Trocadero.

— » Que faire donc ? ah ! Prince,
» vous nous avez mis dans de beaux
» draps. Il faut absolument que tout

» soit fini avant le retour de la Dau-
» phine ; autrement, que dira-t-elle?
» Avez-vous vu Peyronnet, Ranville,
» Montbel, Chantelauze; que disent-
» ils ? et vous-même, car vous êtes
» là à nous regarder, ce n'est pas
» nous qui pouvons arrêter le mal...

— » Sire, vous vous l'exagérez,
» il n'est pas tel que Votre Majesté
» se l'imagine.

— » Ah ! n'espérez plus me trom-
» per ; mes yeux sont ouverts.

— » Sire, douteriez-vous de mon
» zèle ? soupçonneriez-vous votre
» serviteur ? Ah ! de tous les coups
» qui peuvent m'accabler, le plus
» cruel serait la perte de votre con-
» fiance. Pour détourner ceux que

» le jacobinisme veut vous porter,
» j'ai tout bravé, je me suis exposé
» à sa rage, et lorsque je viens vous
» offrir les moyens de vous y sous-
» traire, vous me traitez avec une
» sévérité. »

Et le traître feignait un attendrissement qu'il était loin d'éprouver ;
car il ne songeait qu'aux moyens
de ménager sa fuite. Il craignait que
la Dauphine, lui imputant tout ce
qui arrivait, ne prît un parti rigou-
reux envers lui aussitôt son retour,
et il voulait le prévenir.

L'hypocrisie du ministre produisit
encore son effet habituel sur le trop
crédule monarque : ses terreurs se
dissipèrent, sa haine contre ses sujets

s'accrut, et il réitéra à son digne confident les ordres que précédemment il lui avait intimés.

# CHAPITRE IX.

## Ressources.

Ces ordres sanguinaires avaient
déjà été transmis à Raguse et com-
muniqués à tous les ministres signa-
taires des odieuses ordonnances. Convaincus intimement qu'ils jouaient
le tout pour le tout, ils avaient
adopté ces mesures incendiaires. Les
événemens qui allaient en résulter

devaient amener une décision , et ils l'attendaient avec anxiété. De tous les tourmens auxquels nous sommes exposés , le plus difficile à supporter est celui de l'inquiétude. Que serait le supplice sans les heures terribles qui le précèdent? Celui du roi parjure avait déjà commencé : une partie du voile épais qui l'aveuglait depuis si long-temps était soulevé. Il regrettait amèrement d'avoir hasardé pendant l'absence de la Dauphine un tel coup d'état. Il entrevoyait l'abîme qu'il avait creusé sous ses pas ; et son œil effrayé n'osait en sonder la profondeur. Par fois aussi sa crédulité l'égarait et il concevait encore le fol espoir que ses ministres le pourraient tirer de ce pas dangereux. Puis, une dernière ressource lui restait encore : déjà deux fois , il en avait usé , ne pouvait-il donc pas s'en servir une troisième ? En un mot , si les choses ne s'arrangeaient pas comme il le désirait , les alliés n'étaient-ils pas là? Exposer de nouveau la France à la dévastation et au pillage , était une faible considération et qui ne pouvait l'arrêter. Que lui importait de faire couler des flots de sang, pourvu qu'il chassât à discrétion et conservât sa couronne? Il en avait fourni une preuve incontestable par les ordres qu'il avait donnés à son jésuitique favori. Ces ordres mêmes ne le troublaient nullement ; son âme était partagée entre les regrets de n'avoir pas chassé la veille et la crainte de ne pouvoir pas chasser le lendemain et de long-temps peut-être.

Aussi égoïste que lâche et cruel, il comptait sur l'étranger pour apaiser les troubles que son ineptie et ses parjures avaient excités. Les terreurs qu'il avait un moment conçues, s'évanouirent en réfléchissant à l'obligation que les souverains du continent avaient prise, de se maintenir mutuellement sur le trône. Il ne doutait pas que tous lui tendraient une main secourable, aussitôt qu'il jugerait convenable de les en requérir. Il ne voyait rien que de très-naturel dans une telle requête; elle lui paraissait être une conséquence du pacte conclu. Il ne voulait pas concevoir quelle différence il existait entre un monarque que des événemens imprévus précipitent du trône, et un souverain que les crimes avaient rendu odieux à ses peuples, et qui, tombé dans le mépris, se faisait honteusement chasser.

Charles X ne prévoyait pas que ses odieuses exactions le rendraient pour tous les étrangers, comme pour ses peuples même, un objet de mépris, et que, repoussé par ceux mêmes, sur la protection desquels il croyait pouvoir compter, il traînerait dans l'obscurité les derniers jours de sa vie. Après avoir occupé le premier trône du monde, redescendre dans la classe des simples citoyens, est une chute qu'une grande âme peut encore supporter sans en être abattue. Le témoignage d'une conscience pure et une saine philosophie consolent de tout; mais être précipité par sa faute du faîte des grandeurs, être proclamé infâme par trente-six millions d'individus, être chassé avec ignominie par un peuple brave et généreux, c'est une situation que Charles X seul était capable de supporter avec l'inepte stoïcité dont il a fourni l'exemple.

# CHAPITRE X.

## Retour.

On a souvent parlé du calme qui précède l'orage, mais c'est bien à celui qui régna dans la nuit du 27 au 28 juillet, que l'on peut donner ce nom. Depuis long-temps Paris n'avait été enseveli dans une aussi profonde obscurité. Tous les réverbères avaient été brisés. Les magasins avaient été fermés dès la chute du jour. Les rues les plus fréquentées et ordinairement si bruyantes jusques au milieu de la nuit, étaient désertes dès dix heures du soir, pour la plupart. Il ne circulait pas une seule voiture. Quelques hommes parcouraient la capitale et en faisaient retentir les différens quartiers des cris de : « Vive la liberté! à bas » Polignac! vive la Charte! mort aux » tyrans! »

Les cris de victoire remplaçaient les lugubres cris des sentinelles du despote : bien qu'il n'y eût par les rues, aucune patrouille de gendarmes, aucun excès ne fut commis.

Quoi qu'en ayent pu dire ses détracteurs, le peuple voulait la liberté

et non pas la licence. Lorsqu'ils ont
vu leur cause désespérée et perdue,
nos perfides ennemis ont vainement
essayé de l'introduire parmi nous.
Nos principes patriotiques, princi-
paux élémens de notre glorieuse victoire, nous ont fait repousser leurs
odieuses insinuations. Nous les avons
forcés de renoncer à leurs iniques
projets, non moins détestables que
ceux que nous avions déjà renversés.
Ah! s'ils avaient pu voir l'anarchie
s'établir parmi nous, leur joie eût
été grande; mais nous ne leur avons
laissé que la honte d'avoir été devi-
nés. Ils doivent aujourd'hui être enfin convaincus que nous ne pouvons
plus être ni leurs dupes, ni leurs victimes.

Mais revenons à Paris. Un étranger qui fût en ce moment entré dans la première capitale du monde, l'eût certainement plutôt prise pour une ville déserte, que pour cette cité si populeuse, si commerçante, et qui renferme un million d'individus dans son sein.

Octave et Ernest se rendaient chez madame Villecourt.

Ernest racontait à son ami les événemens de la journée dont il avait été le témoin. Il échauffait encore son imagination en lui relatant les traits de courage et de dévouement qui s'étaient passés sous ses yeux. Il ne se lassait pas de louer ses compagnons d'armes, il n'y avait qu'en parlant de lui-même qu'il glissait légèrement sur telle ou telle action que nous avons détaillée précédemment. Mais Octave qui savait apprécier sa modestie, savait aussi combien il était brave et généreux. D'ailleurs, la conduite qu'il venait de tenir à la Bourse donnait une juste idée de celle qu'il avait dû tenir dans la journée.

Les parens d'Octave n'habitaient pas Paris. Il ne pouvait retourner à l'école : il était tout naturel que son ami lui offrît l'hospitalité.

Madame Villecourt avait passé le jour dans les transes et dans l'espoir. Chaque fois que quelqu'un montait, elle ouvrait la porte, et pour peu qu'elle connût la personne qui passait, ces mots : « Avez-vous » vu mon fils? » sortaient involontairement de sa bouche. Elle les eût volontiers adressés à ceux-même qui lui étaient étrangers. Enfin, elle reçut des nouvelles certaines de ce fils chéri et si digne de l'être.

Un jeune homme que l'on rapporta blessé chez lui, avait vu Ernest dans la mêlée : il avait été témoin de ses actes de bravoure, et se plaisait autant à les raconter, que la mère du jeune héros à les entendre. Mais la joie de cette bonne mère n'était pas sans mélange. En songeant aux dangers qui menaçaient son Ernest, elle sentait s'évanouir son courage. Elle tremblait qu'on ne

le lui apportât expirant, ou mort
peut-être. A cette pensée horrible,
sa poitrine se gonflait, et d'abondantes larmes soulageaient son cœur
oppressé. Sa jeune famille l'entou-
rait : ces intéressans orphelins,
tremblant eux-mêmes, cherchaient
à cacher leur frayeur pour ranimer
son courage et son espoir. Mais le
retour de son fils pouvait seul cal-
mer les angoisses de cette tendre
mère. Combien hélas ! attendirent
en vain un époux, un ami, un frère.
Que d'imprécations furent alors di-
rigées contre toi, monarque cruel
et parjure : des veuves éplorées, des
orphelins en larmes, appelaient sur
ta tête tous les maux que déver-
saient sur la leur, tes tyranniques

et parricides actions. Ils te vouaient
au supplice effrayant que le ciel doit
réserver aux souverains qui, placés
à la tête des peuples pour en assurer le bonheur, abusent du pouvoir
qui leur est confié pour s'abreuver
de leurs larmes et de leur sang. Si
le nôtre n'a pas coulé à grands flots,
si le nombre des victimes n'a pas été
plus considérable, ce n'est ni à Charles, ni à son fils que nous devons
en savoir gré. Tous deux, lorsqu'ils
ne conservaient plus aucun espoir
de retenir la couronne qu'ils avaient
si lâchement perdue, tous deux s'é-
puisèrent en vains efforts pour exciter les troupes, qu'un devoir mal
compris attachait à leurs pas, à porter dans Paris l'incendie et le car-

nage : ils leur rappelaient leurs sermens, eux qui avaient violé tous les
leurs. Mais il était difficile de faire
partager à des cœurs français, les
vils sentimens qui les animaient.
Aucune voix ne répondit à leurs ho-
micides vœux : aucune réponse ne
fut faite à leur insidieuse requête.
En vain ils agitaient les torches de
la guerre civile : ils ne devaient plus
en exciter en France.

Ils purent dès lors prévoir quelle
serait la conclusion du drame effrayant qu'ils avaient excité : ils purent dès lors juger de la fidélité de
ces hommes auxquels ils avaient sa-
crifié le reste de la France. Qui d'entre eux a fait le moindre effort pour
assurer même leur fuite? Tous avaient

coopéré à leur perte, aucun n'a daigné les consoler de l'effrayante disgrâce qu'ils ont si bien méritée sans doute, c'est ceux mêmes qu'ils avaient voués à une mort certaine qui devront pourvoir à leurs besoins. Charles, tes forfaits seuls égalent ton extrême malheur.

## CHAPITRE XI.

### La Récompense.

—

Madame Villecourt n'était pas la seule qui tremblât pour les jours d'Ernest. Cette charmante Amélie que nous n'avons pas oubliée adressait au ciel les plus ferventes prières pour qu'il protégeât son bien-aimé.

Vingt fois dans la journée, elle

descendit les cinq étages pour s'informer de ce qui se passait, et la pauvre enfant qui la veille n'était au fait
d'aucun bruit politique aurait pu satisfaire les plus curieux nouvellistes.

Mademoiselle Bernard qui depuis
long-temps ne songeait plus à l'amour,
ne pensait pas que le moment d'aimer était arrivé pour sa pupille; mais
en ce jour, cette dernière lui parla
tant et si souvent d'Ernest que la
bonne vieille fut forcée de deviner
ce qui se passait dans le cœur de la
jeune fille.

Cette découverte lui causa un véritable plaisir. Plus d'une fois elle
avait réfléchi à la position malheureuse dans laquelle elle laisserait

Amélie si la mort venait à l'atteindre. La bonne demoiselle était octogénaire et sa carrière déjà si longue, ne pouvait encore se prolonger longtemps. Avec les qualités qui le distinguaient, il était impossible qu'Ernest ne rendît pas heureuse celle qu'il choisirait pour être la compagne de sa vie; mais une balle meurtrière pouvait dans ce moment même terminer ses jours et rendre nuls tous ces rêves de bonheur.

Mademoiselle Bernard partageait donc les transes de sa pupille.

« Il m'a promis de revenir, disait
» souvent et pensait toujours l'aima-
» ble enfant, et il ne revient pas!
» Mon Dieu! s'il lui était arrivé quel-

» que malheur : ma bonne amie, je
» sens que je ne pourrais lui survivre.»

Et sa bonne amie cherchait à la consoler; mais ses terreurs renaissaient bientôt, et ce fut dans cette cruelle alternative que s'écoula tout le jour.

La nuit survint et aucune nouvelle d'Ernest.

On n'exprime pas ce que souffrait Amélie, et quiconque n'a pas aimé ne le comprendra jamais. Ernest la laissera-t-il passer toute une nuit dans les terreurs qui la déchirent? Ah! s'il en était capable, il ne mériterait pas tant d'amour. Il a revu sa mère, il a essuyé ses larmes. Sa blessure que la fatigue a un peu enflammée a été pansée avec soin et ne lui cause qu'une légère douleur. Octave est connu de madame Villecourt; il les laisse seuls un instant et se hâte d'aller rassurer son amie, car il pressent son inquiétude. Quoiqu'elle ne conservât que peu d'espoir, Amélie ne s'était pas encore couchée. On frappe à la porte; elle écoute : chaque coup la fait tressaillir... cinq... le voisin d'en face est absent: c'est pour elle; c'est Ernest! Elle jette un cri et la petite folle ne s'aperçoit qu'au bas de l'escalier qu'elle est descendue sans lumière. Remonter pour en aller chercher une, ce serait perdre un temps précieux. Elle ouvre, elle ne s'est point trompée : c'est bien lui, c'est son Ernest.

Puis enlaçant son cou de ses deux bras, elle l'embrassa deux fois.

Ernest était récompensé de ses travaux, et pour un prix semblable il se fût de nouveau exposé aux mêmes dangers.

Sans doute cette action de la douce Amélie paraîtra aux rigoristes tant soit peu contraire aux strictes lois de la pudeur ; mais la jeune fille obéit à un premier mouvement ; presqu'aussitôt elle recule de quelques pas, rouge de pudeur et de plaisir. Ernest prit une main qu'on lui abandonna et qu'il couvrit de suite des plus ardens baisers. Amélie ne pouvait détacher ses regards de dessus son ami. Tout-

à-coup elle s'aperçoit que son front
est couvert d'un bandeau.

« Grand Dieu ! s'écrie-t-elle, seriez-
» vous blessé ?

— » Ce n'est rien, ma chère Amé-
» lie, une simple égratignure.

— » Oh ! mon Dieu ! mais demain,
» peut-être irez-vous encore affronter
» de nouveaux dangers ?

— » Demain, mon Amélie, j'irai
» achever la tâche que nous avons
» commencée aujourd'hui. »

La jeune fille soupira et inclina sa
jolie tête : lorsqu'elle la releva, quelques larmes brillaient dans ses yeux,
elle dit :

« Vous ne venez pas voir un ins-

» tant mademoiselle Bernard... mais
» non, non... vous avez besoin de
» repos... allez, surtout revenez de-
» main soir. »

Et sans attendre de réponse, crai-
gnantpeut-être qu'on ne lui demande
ce qu'elle vient d'accorder, elle fuit
avec la légèreté d'une sylphide. Elle
est déjà dans les bras de la bonne
demoiselle Bernard :

— « C'était lui ?

— » Oui, ma chère amie, c'était
» lui, il est blessé.

— » Blessé !

— » Hélas ! oui,

— » Dangereusement ?

— » Non. Du moins il le prétend;

» mais il souffrirait qu'il ne me l'a-
» vouerait pas, dans la crainte de
» m'affliger.

 — » Ah! ma fille, de quelle ef-
» frayante responsabilité ils se char-
» gent, ceux qui font ainsi couler le
» sang de leurs semblables.

 — » Cela ne l'empêchera pas de
» retourner demain : il me semble
» qu'il aurait bien pu, sans manquer
» aux lois de cet exigeant honneur,
» ne pas sortir de chez lui, puisqu'il
» est déjà blessé.

 — » Ma chère enfant, la gloire est
» une rivale bien dangereuse et dont
» cependant on n'a pas le droit de se
» plaindre.

 — » Ernest a fait assez pour elle,

» et s'il m'eût aimée comme je l'aime,
» il se serait conservé pour moi.

    — » Ma fille , juge mieux Villecourt,
» il t'adore; mais son devoir l'appelle:
» s'il méconnaissait sa voix , toi-même
» un jour tu lui en ferais le repro-
» che. »

Amélie ne répondit pas; mais elle
embrassait tendrement la vieille ar-
tiste , qui lui devenait plus chère que
jamais. Puis elle rêva à son Ernest
et son image adorée ne la quitta pas
de la nuit. Les songes la lui repro-
duisirent, et à son réveil le nom du
bien-aimé fut le premier mot qu'elle
prononça.

---

## CHAPITRE XII.

La porte Saint-Denis.

---

Au lever de l'aurore Ernest et Octave sont debout et prêts à partir. Madame Villecourt, en les embrassant, a peine à retenir ses larmes ; mais elle commande à sa douleur. Les deux amis sortent ensemble ; mais ils ne suivent pas long-temps la même direction. Octave a pris la veille un rendez-vous avec la petite troupe, qui après l'avoir aidé dans ses travaux, est allé combattre avec lui. Il la rejoint. La séparation des deux amis a quelque chose de triste et de solennel. Peut-être se voyaient-ils pour la dernière fois; dans de tels momens, la vie tient à si peu de chose. Sans se communiquer leur pensée, ils se devinent mutuellement et s'élancent dans les bras l'un de l'autre. Puis ils se disent en se pressant la main :

— « Adieu! »

Ernest se dirige vers les boulevards où il doit retrouver les fidèles et braves ouvriers qui la veille ne l'ont pas abandonné et lui ont promis de

marcher sous ses ordres. On a spé-
cifié le lieu et l'heure du rendez-vous.
Tous sont exacts.

En attendant le combat, personne
ne reste inactif. On travaille avec une
ardeur sans égale; on dépave les
rues : on monte des pierres dans les
maisons; on forme de nouvelles barricades : il est impossible que la cavalerie puisse désormais pénétrer
dans l'intérieur de la ville.

On connaît les derniers ordres du
tyran. On sait qu'il a mis Paris en
état de siége ; mais on ne s'en émeut
ni ne s'en étonne. On n'en est que
plus courageux, que plus impatient
de détruire une puissance abhorrée.

Les bureaux sont déserts ; les tribunaux sont fermés : les magasins ne s'ouvrent que dans les quartiers retirés : il n'y a plus de gouvernement: le peuple est livré à lui-même: il lui faut reconquérir ses droits, chasser le roi parricide, et punir exemplairement ses infâmes oppresseurs. Pour remplir cette noble tâche, trois jours ont suffi. Peuple français, après un tel acte, rien ne doit te paraître impossible!

Ces ormes gigantesques, antique parure de nos boulevards, sciés, déracinés ou brisés, tombent pour élever une barrière insurmontable à nos ennemis : des milliers de bras y travaillent, on se sert de tout ce que l'on peut se procurer pour faire des barricades; de brillans équi-

pages, des charrettes, des diligences
sont renversés et ferment les carre-
fours. On traîne d'énormes masses
de pierre, des poutres, des débris :
des femmes, des enfans, des vieillards
prennent part à ces travaux. Chacun
est jaloux et fier de participer au
succès qui doit couronner tant d'efforts.

Des proclamations circulent dans
toutes les rues. Elles excitent le zèle
des citoyens. On les engage à ne pas
se rebuter, à se défendre avec courage ; on leur promet des chefs, on
leur indique les endroits où ils peuvent trouver des armes ; on parle de
mettre à la tête de la garde nationale,
qui va reparaître, les généraux La-

fayette et Gérard, on ne se contente plus de crier :

« A bas les ministres ! »

On prononce le même anathême sur Charles X et sur son inepte héritier. Les gendarmes ont presque entièrement disparu. C'est aux citoyens même que doit être remise la garde de la ville. On n'a pas besoin de les solliciter pour se mettre dans les rangs de la garde nationale, c'est à qui en fera partie. De toutes parts surgissent des troupes d'hommes armés de fusils, de pistolets, de sabres, de piques, de couteaux de chasse, de poignards !

Ce qui reste d'écussons royaux est brisé. La féodale et orgueilleuse fleur de lis se cache devant le signe triomphant de la liberté. Liberté! tu ne vas donc plus être pour le Français, dont tu es l'idole, un mot vide de sens. Tu vas devenir sa conquête. Déité chérie, fixe à jamais ton séjour parmi nous et toute notre vie te sera consacrée.

Le bruit se répand qu'un grand nombre de citoyens armés se dirige vers les portes Saint-Denis et Saint-Martin, gardées par des détachemens assez formidables, de l'infanterie et de la cavalerie de la garde.

« Amis, dit Ernest, abandonnons
» nos travaux, pour aller partager les
» dangers de nos frères. Marchons
» contre les ennemis de la France,
» contre nos tyrans.

— » Marchons! marchons! »

La petite troupe se range en ba-
taille, et on marche au pas de charge
sur l'ennemi, aux cris mille fois répé-
tés de vive la liberté! vive la France!

Le combat s'engage. Deux des
amis d'Ernest tombent à ses côtés,
il est couvert de leur sang; l'un
meurt en criant :

« Mort aux ennemis de la patrie!»

L'autre se débat contre la mort qui
vient le saisir et demande vengeance.

« Vous l'obtiendrez? » s'écrie Ernest, et il s'élance dans la mêlée le
sabre à la main, chaque coup qu'il
porte venge un de ses frères. Il parvient jusqu'à la porte Saint-Denis,

il enfonce celle de l'escalier qui conduit au sommet des tours, il monte
et le premier arbore le drapeau rouge,
symbole de la guerre d'extermination
que les Français ont déclarée à leurs
tyrans. Les balles sifflent en vain à
ses oreilles, il attache son drapeau.

Le blanc étendard s'est fourvoyé
du chemin de l'honneur, il ne peut
plus guider un peuple brave et généreux. La tyrannie et le parjure
l'ont souillé d'une tache ineffaçable.
Un roi l'a trempé dans le sang de ses
sujets, ils ne peuvent plus se rallier
autour de lui : il est à jamais proscrit,
comme ceux qui nous avaient forcés
de lui sacrifier les nobles couleurs.

La lutte a été longue : beaucoup

de sang a été versé de part et d'autre ; mais la place est restée au pouvoir des amis de la liberté, mille acclamations accueillent Ernest lorsqu'il reparaît au milieu de ses concitoyens.

La veille, il n'était point revêtu de son uniforme. Aujourd'hui il le porte : aux cris de « Vive la patrie! » se mêle celui de « Vive le brave élève! »

Ernest est au comble du bonheur; cette victoire lui en fait présager mille autres: il pense à sa mère, à son Amélie: il sent s'accroître son courage: rien ne pourra résister au noble sentiment qui l'anime.

Il lui paraît essentiel de conserver le poste important que l'on vient de conquérir. Il engage une partie de sa troupe à se fixer dans les environs. Puis il suggère l'idée de monter des pavés sur la plate-forme, pour écraser l'ennemi qui, peut-être, reviendra à la charge. A l'instant même, une chaîne est formée pour faciliter l'exécution de ce projet. Pendant qu'on y travaille, une nouvelle affaire s'engage à la porte Saint-Martin. Toujours intrépides, notre héros rassemble les siens, s'écrie: « en avant, marchons! » il vole suivi de ses ouvriers dont hélas le nombre est un peu diminué.

Le même succès couronne le même courage.

Nous avons à pleurer la perte de plusieurs des nôtres ; mais les rangs ennemis sont beaucoup plus éclaircis.... Ce sont des Français auxquels on est forcé de donner ce nom... qui donc peut les empêcher de se réunir à leurs frères, de secouer le honteux joug de l'esclavage... les malheureux! ils ne voyent pas avec quel égoïsme on les sacrifie Charles, le sang de tant de victimes retombera sur toi et sur les tiens, et si jamais leurs regards se tournaient vers notre pays, ils devront reconnaître qu'il a élevé entre eux et nous une barrière insurmontable.

---

## CHAPITRE XIII.

### Les Dépêches.

—

Ainsi que l'avait prévu Ernest, l'ennemi s'est rapproché de la porte Saint-Denis. Pour le surprendre, Villecourt avec les siens, prennent les rues détournées. En se rapprochant du boulevard, ils aperçoivent un officier de lanciers qui le traverse. Il jette un regard furieux sur Ernest qui marche à la tête de sa petite troupe, l'ajuste et tire. La balle siffle aux oreilles de notre héros et va frapper mortellement un de ses compagnons. Il s'élance : le cheval du royaliste est sa première victime, et son épée est bientôt rougie du sang de son assassin. Il était porteur de dépêches : peut-être fourniront-elles des renseigne-mens précieux. On ordonne aux troupes de faire bonne contenance, de n'accorder aucune merci aux fac-tieux, et pour prix de leur zèle, on leur promet de l'or et de bril-lantes récompenses. A cette nouvelle, un nouveau feu embrase les audi-teurs, on se précipite, on se bat avec un courage indomptable, et

la garde est encore une fois re-
poussée.

Un moment de calme a succédé
au carnage. Ernest en profite pour
faire enlever les morts et panser les
blessés. De quel spectacle horrible
ses yeux ne sont-ils pas alors frappés : c'est une mère qui cherche le
corps de son fils, un fils celui de
son père, une jeune femme celui de
son époux. Que de scènes déchi-
rantes se répètent dans la capitale !
que d'imprécations s'accumulent sur
les auteurs de tant de maux. Ah !
si tous les peuples suivaient le noble
exemple que nous venons de leur
donner, quel tyran n'inclinerait pas
à son tour son front orgueilleux.

Chaque citoyen s'empresse d'offrir un asile aux blessés : il n'existe plus d'étrangers dans un tel moment : tous les Français sont frères, ils ne forment plus qu'une même famille : la discorde s'enfuit avec les perfides qui l'ont amenée.

Chacun prouve son patriotisme : les médecins prodiguent les secours de leur art aux victimes ; ils établissent des ambulances. Un des camarades de collège de Villecourt demeure à l'entrée de la rue de Meslay : il a recueilli chez lui autant de ces infortunés que sa maison peut en contenir. Ernest lui-même a besoin de secours : dans la chaleur de l'action, il ne s'est pas aperçu que sa blessure s'est rouverte, le sang inonde son visage : on l'aide à gagner la demeure de son ami : il s'y trouve au milieu de ses compagnons d'armes, et là encore il reçoit un tribut de leur admiration et de leur reconnaissance.

« Il a détourné le coup qui allait
» m'atteindre, s'écria l'un !

— » Je lui dois aussi la vie, dit
» l'autre ; il a couché par terre un
» forcené qui, après m'avoir frappé,
» allait m'expédier définitivement.

— » Gloire au vaillant élève de
» l'Ecole Polytechnique ! répètent-
» ils tous. »

Ernest est attendri : il mérite les louanges qui lui sont adressées, sa conscience aussi lui assure qu'il a fait son devoir ; mais comme lui, chacun des Français qu'il a sous les yeux a payé sa dette à la patrie.

Sa blessure est bientôt pansée : il n'éprouve qu'une légère douleur : à force de sollicitations , il consent à prendre une heure de repos : sa bouillante ardeur lui en faisait presque un reproche ; mais ce temps même n'est pas perdu : il le passe à consoler les braves que leurs souffrances retiennent loin de leurs frères. Il les quitte après les avoir vivement recommandés à son digne ami, et va, avec sa troupe fidèle, cueillir de nouveaux lauriers.

## CHAPITRE XIV.

### Le Tocsin.

JULES et Octave n'étaient pas restés plus inactifs que leur ami.

Le premier avait prolongé fort
avant dans la nuit ses utiles travaux,
et dès l'aube du jour il avait rejoint
ses compagnons de la veille.

Leurs pas s'étaient dirigés vers

l'hôtel de ville. Là, l'exaltation était la même que partout Paris. Cette place de Grève, habituée depuis tant de siècles à voir couler un sang expiatoire, allait être abreuvée de celui de nos braves. Dans la rue de Richelieu et les environs du Palais-Royal, les scènes de la veille étaient répétées : les quais, les boulevards en offraient de semblables. Partout enfin on se réunissait pour frapper d'un coup mortel l'hydre de la tyrannie.

En exécution des ordres de son doux maître, l'exécrable Polignac avait fait pénétrer l'artillerie dans l'intérieur de la ville, et ordre avait été donné de tirer sans pitié sur la multitude. Il ne craignait donc pas, l'infâme, que le plomb meurtrier n'atteignît quelqu'un des siens : il n'avait donc ni amis ni famille.

« Il faut mitrailler ces misérables, » avait dit le cannibale : il faut se dé-» barrasser de cette vile canaille, » en exterminer une partie pour pou-» voir venir à bout de réduire l'autre.»

Oui, tels furent les odieux projets de l'homme du jésuitisme, de l'homme tellement dépravé, qu'il n'a pas même encore pu concevoir tout l'odieux de son atroce conduite. Sa rage homicide trouva cependant des hommes assez égarés pour la servir. De quel déplorable aveuglement étaient-ils donc frappés ces malheureux qui immolaient leurs frères à leurs propres ennemis!

Raguse, ce fidèle et constant ami de la trahison et du parjure, présidait à tous ces apprêts de mort. Il secouait les brandons de la guerre civile, cherchant à embraser de ses fureurs notre belle et malheureuse patrie.

« Consommons sa perte, se disait » l'infâme, puisque nous ne pouvons » l'asservir. »

Polignac avait compté sur les suppôts du jésuitisme et sur les jésuites eux-mêmes, pour appuyer son parti, pour porter aux libéraux ces coups que leurs mains habituées aux crimes savent si adroitement diriger. Mais ce n'est que dans l'ombre qu'ils frappent, qu'ils immolent leurs victimes. Les rayons de la liberté les aveuglaient et faisaient rentrer dans leurs repaires ces noirs enfans des ténèbres. Après eux marchaient l'intolérance et le fanatisme, l'ignorance et la superstition. Arraché à leur maligne influence, chaque Français semblait prendre une vie nouvelle. On retrouvait ces sentimens patriotiques si long-temps comprimés ; le vieillard recouvrait son ancienne vigueur, le jeune homme sentait s'accroître la sienne : le péril personnel disparaissait ; on ne voyait que le danger de tous et il fallait le surmonter ou mourir.

Cependant le tocsin sonne de toutes parts ; la grosse cloche de Notre-Dame est elle-même ébranlée, et, pour ce faire, on n'a pas consulté monsieur de Paris. Le cri :

« Aux armes! »

est répété par tous les échos. Il retentit hors des murs de la capitale, et il est entendu et compris. Il ne s'agit pas d'une émeute particulière, d'une effervescence de parti, c'est d'une calamité publique que nous sommes menacés ; il faut nous y soustraire.

Déjà on sait à Paris quel effet a produit à Rouen la nouvelle des premiers troubles. Les ordonnances qui les ont excités n'ont pas été plus favorablement accueillies dans cette commerçante cité. On y apprend bientôt les projets de Charles X ; on sait qu'il a poussé son implacable haine jusqu'à déclarer en état de siége la capitale de ses états. À l'instant même, mille voix se sont élevées.

« Ne laissons pas succomber nos
» frères !... répondons au signal qu'ils
» nous ont donné... volons au secours
» des Parisiens.... Marchons ! »

Noble élan ! généreux dévouement!...Oh! France!...oh! ma patrie! que tu dois être glorieuse de tes enfans! Sainte union, force des nations! reste à jamais fixée parmi nous !

Cependant la haine de nos ennemis est prévoyante, elle ne perd aucun moyen de consommer notre ruine. Elle cherche à réprimer ce vif enthousiasme, à étouffer un si noble zèle, en épouvantant les esprits. Les misérables cherchent à accréditer les bruits qu'ils ont déjà répandus la veille. Ils parlent de famine, de guerre étrangère; ils menacent de la colère du roi, qui dès lors n'est déjà plus qu'un fantôme de roi; mais on est en garde contre toutes leurs perfides insinuations : il leur faut renoncer à l'espoir de ramener une division qu'ils n'ont que trop long-temps entretenue. D'ailleurs, ce qu'il y a d'heureux pour nous, c'est qu'il est facile de démentir tous leurs rapports. Ce qu'il y a de positif c'est l'enthousiasme universel, la prochaine déchéance du tyran, le renvoi ignominieux du caduc et cruel monarque, le terme des abus, la plus éclatante

victoire que jamais peuple ait rem-
portée et le triomphe de la liberté.
Liberté, unique idole de tous les cœurs
français, toi qui nous inspiras si bien
dans ces journées mémorables, ne t'é-
loigne plus de notre patrie! sois - en
à jamais la souveraine; ce n'est que
toi seule qui peux assurer et conso-
lider son bonheur.

## CHAPITRE XV.

Royale apathie.

Après une nuit passée dans la plus cruelle insomnie, Charles s'arrache de sa couche, et annonce son réveil: car, à Saint-Cloud, mais à Saint-Cloud seulement, il est encore roi. De vils courtisans, de mercenaires flatteurs l'entourent encore. Les perfides conseillers qui veulent jusqu'au

dernier moment abuser de son inepte
crédulité relèvent son courage abattu
et lui donnent un espoir qu'eux-mêmes ils ne conçoivent plus.

Aucuns de ceux qui composent
sa cour ne se font illusion, ils re-
gardent sa cause comme perdue et
cherchent les moyens de s'en séparer.
Ils ne peuvent avoir l'espoir d'en-
trer dans nos rangs : ces indignes
transfuges n'y seraient pas accueil-
lis. Gorgés de nos biens, c'est loin
de leur patrie qui les repousse comme indignes d'elle qu'ils iront porter et leur honte et leurs richesses.

Ce qui dans ce moment occupe le
plus Charles X, c'est sa première
entrevue avec la Dauphine : il la re-

doute, il la désire. Son égoïsme est tel qu'il n'admet dans son âme aucun autre sentiment que son intérêt personnel. Il a ordonné le massacre de ses sujets : il n'en est ni inquiet ni ému : eh ! que lui importe la mort de plusieurs millions d'hommes, pourvu qu'il puisse librement satisfaire tous ses désirs. Il ne pense qu'à lui, ne s'occupe que de lui, tout le reste lui est indifférent. Incapable, quoi qu'il en dise, de prendre par lui-même une détermination fixe, il attend encore que Polignac soit arrivé pour savoir quelle conduite il devra tenir.

Quant à son valeureux fils, il est plongé comme lui dans une imbécile apathie.

Français ! sans les événemens imprévus qui nous y ont soustraits, à quelle longue suite de maux étions-nous exposés! Entre quelles mains était remis le soin de nos destins!

Un homme généreux et depuis long-temps méconnu par l'aveugle souverain, se hasarda encore à lui donner un avis salutaire. Il le rejeta avec dédain, et peu s'en fallut qu'il n'ordonnât le supplice de celui qui le voulait sauver.

Sans rechercher des torts au monarque déchu, on peut avancer que l'ingratitude était chez lui un défaut dominant. La conduite de toute sa vie l'a évidemment prouvé. D'immenses services lui ont été rendus, et il n'a tenu compte d'aucun. Louis XII ne voulait pas se souvenir des injures faites au duc d'Orléans. Charles X, malgré tout ce qu'on a pu faire, n'a jamais voulu se rappeler les services rendus au comte d'Artois. A qui maintenant en pourra-t-il aller quêter de nouveaux ?

Son oreille était accoutumée à la voix perfide de ses adulateurs, celle de la vérité le blessait : il allait pourtant avant peu être forcé de l'entendre, et c'était sa condamnation, sa condamnation sans appel qu'elle devait prononcer. A chaque instant, il arrivait à la cour des courriers de la capitale. Ils n'étaient porteurs que d'alarmantes nouvelles. La physionomie de Charles restait cependant la même. On le trompait; on interprétait faussement tout ce qui se passait : chacun le savait et personne n'osait le dissuader. A quoi bon ! on avait essayé de le faire et il n'avait pas voulu se rendre à l'évidence. Rien ne pouvait vaincre sa folle obstination.

Enfin Polignac lui-même arriva.

La conférence fut longue et orageuse. Plus d'une fois le monarque et son fils élevèrent la voix : tout se calma néanmoins, et lorsque le ministre quitta le monarque, ils paraissaient de la meilleure intelligence.

Les détails de cet entretien ne sont pas parvenus jusqu'à nous ; mais l'issue en fait assez pressentir le sujet. Le prince était, ou du moins paraissait satisfait.

On espérait à la cour que la tournure que prenaient les événemens déciderait Charles à faire quelques concessions au peuple. On fut étrangement surpris en le voyant persister dans ses absurdes prétentions, réitérer ses ordres sanguinaires, jurer de tirer une vengeance éclatante des rebelles, et mettre à prix la tête de leurs chefs. Il n'y en avait point encore. Le soulèvement était général, et pour punir un chef de révoltés, il aurait fallu punir tous les Français; tous étaient également coupables, si toutefois on peut donner ce titre à des hommes qui, fidèles à leurs sermens qui les liaient au roi,

voulaient que ce roi observât lui-
même ceux qui l'unissaient à ses peuples.

## CHAPITRE XVI.

La Délivrance.

———

Les étudians des Ecoles de droit et de médecine, s'étaient, dès la veille, joints à leurs concitoyens dont ils avaient puissamment secondé les efforts. Tous étaient étonnés de ne pas voir se réunir à eux les élèves de l'Ecole polytechnique.

Personne ne doutait de leurs sentimens patriotiques; mais chacun se demandait comment il se faisait qu'on ne les voyait pas marcher dans les rangs des défenseurs de la patrie.

« Sans doute, on les empêche de » se réunir à nous; s'écria un des » étudians en droit; sans doute ils » sont retenus par leurs chefs. Amis! » allons les délivrer : allons leur » rendre la liberté pour qu'ils nous » aident à conquérir celle de la » France !

— » Marchons !

— » Marchons ! »

S'écrient mille voix, et la troupe qui se grossit de tous les citoyens qu'elle rencontre, se dirige vers la montagne Sainte-Geneviève.

On est parvenu à l'Ecole, les portes en sont fermées. On somme le concierge de les ouvrir : sa lenteur est prise pour un refus.

« Il faut les défoncer ! »

crie-t-on.

Et déjà on s'apprête à en venir à cette extrémité. Déjà on cherche à escalader les murailles: plusieurs hommes avaient atteint le premier étage lorsque les portes s'ouvrent: la foule se précipite dans la première cour : les élèves tendent les bras à leurs concitoyens, on les entoure, on les presse, la patrie réclame leurs bras,

Eh ! ne sont-ils pas tous disposés à verser leur sang pour elle!!

L'École reste déserte, tous ceux qui en font partie vont défendre leurs droits. La confiance et l'estime qui leur sont témoignées doivent encore animer le zèle et le courage de ces jeunes citoyens : c'est à qui servira dans les détachemens qui se rangent sous leurs ordres. Ils se répandent dans les divers quartiers de la capitale ; partout la gloire les accompagne et partout la victoire les suit.

Qui pourrait nombrer les actes de dévouement et de courage qui ont eu lieu pendant ces trois journées à jamais mémorables? Beaucoup sont

parvenus jusques à nous et nos his-
toriens se chargeront de les transmettre à la postérité : mais combien
resteront à jamais ignorés! La vraie
gloire ne recherche pas la publicité.

Là, c'est un jeune adolescent qui
se voue à une mort certaine en se
précipitant dans la mêlée l'étendart
national à la main : on veut en vain
le retenir : en vain on lui représente
le péril auquel il s'expose, il crie
aux braves qui le suivent :

« Venez, venez, et apprenez de
» moi comment on sait mourir. »

A l'instant, il tombe percé de
mille coups, sa jeune âme a repris
son essor vers les cieux ; mais le
souvenir de son action héroïque

vivra tant que l'amour de la liberté fera battre des cœurs français.

Ici c'est une femme qui armée d'un sabre, s'élance sur le canonnier qui pointe sur le peuple. En vain il lui ordonne de se retirer, elle le brave. et la mort est le prix de sa patriotique audace.

Là, c'est une nouvelle Jeanne d'Arc qui conduit des Français au combat et leur donne l'exemple d'une intrépidité qui méconnaît tout danger et doit rendre invincibles tous ceux qu'elle anime.

Mais ce que cette merveilleuse révolution offre encore de plus merveilleux, c'est la sublime modération, l'exemplaire intégrité de ce peuple

14

qu'une cour fanatique et orgueilleuse
accablait de ses dédains. S'il n'eût
pas eu plus de grandeur d'âme que
ses tyrans et ses détracteurs, il se fût
vengé dans leur sang et de leurs injures et de leurs mépris. Mais le peuple français était digne d'offrir au
monde étonné l'exemple de cette
magnanime clémence dont jusqu'a-
lors on avait cru les dieux seuls sus-
ceptibles.

Perdre la souveraineté d'un tel
peuple et ne pas mourir de honte et
de regrets, n'appartient qu'au lâche
et inepte souverain qui a pu le méconnaître et le sacrifier. Oh! France!
oh! ma patrie! tu as pour jamais repris ta place à la tête des nations!

# CHAPITRE XVII.

## La Reconnaissance.

Plusieurs fois prise et abandonnée par les troupes royalistes qui en arrachèrent le drapeau qu'Ernest y avait fixé, la porte Saint-Denis demeura libre enfin.

Les boulevards furent dès lors assez paisibles; mais les combats s'engagèrent sur d'autres points.

Ernest, remis de ses fatigues, les oubliant d'ailleurs lorsqu'il était appelé au secours des siens, Ernest volait à de nouveaux dangers.

On lui apprend que dans les environs du Théâtre-Français les Suisses réunis à la garde royale font feu sur le peuple, et que déjà beaucoup de citoyens sont tombés sous leurs coups fratricides. Il s'y rend et trouve bientôt de nouvelles occasions de signaler son courage.

Plusieurs de nos ennemis tombent sous ses coups et il est assez heureux pour échapper encore aux leurs.

Ce n'est qu'en ce moment qu'il rencontre plusieurs de ses camarades; il les presse dans ses bras avec autant de joie que s'il les retrouvait après une séparation de plusieurs années.

« Mes amis, leur dit-il, votre ab-
» sence m'était pénible.

— » Nous étions captifs.

— » Qui vous a délivrés?

— » Le peuple!

— » Ah! le peuple délivrera la
» France! »

Il entend leurs récits et il se félicite plus que jamais de compter parmi eux.

Point de forfanterie dans les rapports de ces jeunes braves, point d'exa-
gération. Chacun raconte ce qu'il a fait
sans avoir d'autre intention que celle

de prouver son dévouement à la plus sainte des causes, la seule capable d'exciter un enthousiasme aussi durable, un désintéressement aussi grand, un courage aussi héroïque.

L'un a sauvé au péril de sa vie un des siens tombé sous les coups de l'ennemi ;

L'autre a forcé la garde royale à évacuer un poste, et en ménageant les jours des vaincus leur a fait abjurer leurs funestes erreurs.

Celui-ci a fait mettre bas les armes à un détachement de ces mêmes hommes en les haranguant avec cette éloquence que donne la persuasion d'avoir embrassé une bonne cause.

Celui-là dont le bras est en écharpe
a arrêté quoique sans autres armes
que son épée , une douzaine de gendarmes qui fuyaient un poste dont
on venait de les déposséder. Ils ont
porté sur lui leurs mains mercenaires , son sang a coulé , et cependant
il a osé parler en leur faveur : il a
demandé leur vie au peuple qui
voulait le venger , et ce peuple qui
lui-même devait fournir un éclatant
exemple de générosité , s'est rendu
aux désirs du jeune héros.

Enfin , tous se sont illustrés , tous
ont bien mérité de la patrie.

Quiconque n'a pas été le témoin
oculaire de ce noble élan , de cette
fièvre de gloire qui nous animait
tous , ne pourra croire les hauts faits

qu'elle a suscités. Lorsqu'il eut entendu le récit de leurs chevaleresques exploits :

« Chers amis, leur dit Ernest,
» notre tâche n'est pas encore remplie :
» la tyrannie courbe la tête; mais il
» nous faut l'abattre : que notre zèle
» au lieu de se ralentir devienne
» encore plus ardent ; marchons,
» marchons à la victoire ! »

Et il donne l'exemple en fondant sur les mercenaires étrangers qui, vendus aux tyrans, égorgeaient nos frères.

Enfans de Guillaume Tell, avez-vous donc pu la méconnaître cette voix à laquelle vos cœurs avaient tous jadis répondu ? Vous qui dans un siècle de barbarie sûtes secouer le joug honteux de la féodalité, deviez-vous donc plusieurs siècles après vous en déclarer les suppôts.

Ernest dirige si habilement la manœuvre, déploie un courage si impétueux que plusieurs *reitres* tombent à ses pieds.

L'un d'eux quoique couché à terre essaie de le percer d'un coup de baïonnette. Un coup habilement dirigé achève le Suisse, et Ernest, qui reconnaît le danger auquel on vient de le soustraire, se retourne pour voir quel est son libérateur.

Un cri de surprise, de joie, et d'attendrissement lui échappe.

« Quoi ! c'est vous ! »

Il a reconnu le vieillard que déjà
deux fois il a rencontré : c'est à lui
qu'il doit la vie : tous deux échangent
un regard : ils combattent encore
pendant quelque temps, et l'ennemi
étant repoussé, ils peuvent un instant
déposer les armes.

Ernest peut alors témoigner à son
libérateur sa vive reconnaissance; il
le presse dans ses bras, est pressé
dans les siens.

« Apprenez-moi, je vous en con-
» jure, à qui je dois une seconde fois
» la vie?

— » Mon nom n'est point illustre,
» jeune homme ; mais c'est celui d'un
» zélé patriote, et j'ai gagné à la ba-

» taille des Pyramides cette croix qui
» décore mon sein.

— » Votre nom ?... nous pouvons
» être séparés et j'éprouverais le plus
» vif regret de ne plus vous revoir.

— » Je me nomme de C...

— » Ancien sergent-major au 35ᵉ ?

— » Qui vous a dit ?

— » Et depuis, lieutenant au 11ᵉ
» de chasseur ?

— » Vous me connaissez ?....

— » Oh ! mon père ! mon père !
» C'est à celui que tu as sauvé que
» ton fils doit la vie !

— » Quoi ! jeune homme, vous
» seriez ?....

— » Le fils du capitaine Villecourt.

— » Villecourt ! Oh ! mon Dieu !
» je te remercie, j'ai payé une partie
» de ma dette : »

Et le vieillard verse d'abondantes
larmes ; mais de ces larmes qu'il est
doux de répandre et que fait couler
la joie : il serre Ernest contre son
cœur : il presse ses mains : il l'exa-
mine :

« Oui, oui, dit-il, je vous recon-
» nais maintenant : vous êtes sa vi-
» vante image : voilà bien ses traits,
» ses nobles traits : la reconnaissance
» les a gravés là d'une manière inef-
» façable ! Oh ! jour mille fois heureux :
» j'ai retrouvé mon libérateur et j'ai
» sauvé son fils. »

Tout-à-coup les yeux d'Ernest animés jusqu'alors du feu de la joie et de la gloire, se baissent et se remplissent de larmes. L'une d'elles tombe sur la main du vieillard : ce dernier craint de le comprendre... le crêpe funèbre dont ce bras du jeune homme est ceint....

« Quoi! s'écria-t-il, aurais-je donc
» à pleurer sa perte, moi qui me fé-
» licitais de l'avoir retrouvé!

— » Hélas! depuis deux mois nous
» l'avons perdu!... »

Ce fut un moment pénible pour les deux nouveaux amis. Toute la douleur d'Ernest fut renouvelée.

La charge battit. On cria :

« Aux armes! »

L'orphelin sentit renaître son courage, et vola où l'appelait la gloire.

Le vieillard suivit ses pas en s'écriant :

« Je ne vous quitte plus : je veux
» combattre et mourir à vos côtés. »

# CHAPITRE XVIII.

## La Garde nationale.

Chacun néglige ses affaires particulières. On ne pense qu'à la plus importante de toutes, celle qui occupe tous les esprits. La Bourse elle-même a interrompu le cours de ses opérations, jusqu'à nouvel ordre. Tout est suspendu jusqu'à ce que le coup décisif soit porté.

Il est impossible que le dénoue-
ment de ce grand drame se fasse
long-temps attendre, et il est facile
de le prévoir.

L'appel fait à la garde nationale
a été entendu. Ceux qui en ont conservé l'uniforme le revêtent, et sont
à peine sortis de leur demeure, qu'ils
voyent s'attacher à leurs pas, une
foule de citoyens de tout âge, de
tout rang, armés, chacun comme
il a pu le faire, mais tous mûs par
l'esprit de patriotisme qui règne sur
la France.

Le 5ᵉ de ligne a tenu la même
conduite que la veille. Il a de nouveau refusé de répandre le sang de
ses frères, et donne au contraire ses

armes aux citoyens qui en récla-
ment. Partout on placarde des affi-
ches qui indiquent les endroits où
on s'en peut procurer. Chaque jour-
nal libéral répand gratuitement ses
feuilles, invite les citoyens à l'union,
à la persévérance, les informe soi-
gneusement de ce qu'ils ont à craindre, de ce qu'ils doivent espérer, et
s'applique surtout à démentir ces
bruits mensongers que la malveil-
lance s'efforce de répandre et d'accréditer.

Les postes les plus importans éva-
cués par les troupes, sont occupés
par la garde nationale, les rangs s'é-
paississent de moment en moment:
les troupes libérales présentent un
formidable aspect. Le jésuitisme doit

trembler, et il tremble en effet : il sent qu'il touche à son heure dernière, il pressent son définitif anéantissement, mais en expirant même, il voudrait encore se rassasier de sang. Il voudrait encore que ses agens se défendissent alors même qu'il s'avoue vaincu.

Pour exciter les troupes dans lesquelles il fonde son dernier espoir, on leur prodigue l'or, on leur promet un mois de solde, si elles veulent encore faire bonne contenance. En égarant leur raison, on veut exciter leur courage, les chefs ordinairement si impérieux et si difficiles à aborder, pressent la main du soldat qui ne se méprend nullement sur les motifs de cette subite transition, et mesure les dangers qui le menacent, sur le degré d'expansion de ces hommes naguère si orgueilleux.

Ainsi, les seuls soutiens du despotisme sont découragés et ne marchent qu'avec répugnance au combat, tandis que le peuple est excité par le plus véhément enthousiasme.

Les ministres sont accablés. Déjà ils reprochent à leur président de les avoir entraînés dans l'abîme qu'il a creusé sous leurs pas. Inutiles et trop tardifs regrets, rien ne peut désormais les soustraire aux châtimens qui les attendent. Les apôtres de l'intolérance ne doivent pas espérer de pardon. Les coups qu'ils réservaient à leurs victimes vont retomber sur eux. Il ne leur reste plus qu'un moyen d'éviter le sort qui les attend, c'est de prendre une fuite honteuse. Ils le saisissent sans honte, parce que dans leur âme vile et mercenaire, tout noble sentiment est éteint. Tant qu'ils se crurent certains de l'impunité, ils commirent sans remords tous les forfaits que leur dicta leur digne maître; mais du moment qu'ils virent le peuple ébranler le trône dont ils avaient sapé les fondemens, ils craignirent d'être écrasés sous ses ruines et s'en éloignèrent avec terreur.

Charles X méritait cet abandon; mais il n'en est pas moins un acte de lâcheté de la part de ces hommes qu'il avait gorgés de biens, et qui l'en avaient récompensé en abusant sa vieillesse et lui arrachant la couronne dont ils voulaient se partager les débris.

Quelle effrayante leçon pour les monarques! Quel sublime exemple pour les peuples! Sans doute, les uns et les autres en sauront profiter.

## CHAPITRE XIX.

Obstination.

C'est sur les quais que, pour cette fois, Villecourt va signaler son courage. C'est derrière les retranchemens que Jules a élevés qu'il attend l'ennemi, l'attaque, et puissamment secondé, le met en désordre.

Hélas! la victoire est chèrement

payée : un de ses camarades tombe à ses côtés, une balle lui a traversé la poitrine : des flots de sang sortent de sa blessure : Ernest le relève èt fendant la presse, le porte dans une maison voisine. Il cherche en vain à étancher le sang qui s'échappe en bouillonnant de la double plaie.

Un homme de l'art survient . il sonde la blessure : les yeux de tous les assistans sont fixés sur lui... l'arrêt mortel est prononcé.... Villecourt retient ses larmes ; car la victime, un moment ranimée, paraît vouloir prononcer quelques mots :

« Ami, dit-il d'une voix affaiblie, » tes soins sont inutiles : bientôt j'au- » rai vécu ; je te charge du triste soin

» d'annoncer à ma mère la nouvelle
» de ma mort : dis-lui que mon der-
» nier vœu fut pour la prospérité de
» la France et pour son bonheur.
» Adieu. »

L'infortuné voulut presser la main
de l'ami qui serrait la sienne : il s'ef-
força de sourire; mais les convulsions
de la mort vinrent contracter ses
traits. De ses lèvres blanchies par
l'approche du trépas sortit encore le
mot *patrie*, et Ernest ne tenait plus
dans ses bras qu'un corps inanimé.

Cette scène de mort l'émut profondément, il ne pouvait se détacher de
cet infortuné naguères brillant de
jeunesse et de santé, et dont les restes

palpitans étaient étendus sous ses yeux.

Heureusement pour lui, Jules survint; il l'entraîna :

« Laisserais-tu donc abattre ton
» courage ! lui dit ce sincère ami,
» songe plutôt à venger le pauvre
» Adolphe et à mettre nos ennemis
» hors d'état de nous porter de tels
» coups. »

Ernest serra la main de son ami, ses yeux rencontrèrent ceux du vieillard qui ne l'avait pas quitté, et tous trois retournèrent combattre.

Des engagemens aussi meurtriers que ceux dans lesquels ils venaient de se trouver avaient eu lieu dans les divers quartiers de Paris : sur les

quais principalement , sur les boulevards et à l'Hôtel-de-Ville.

Partout la garde royale et les
Suisses opposaient une coupable résistance aux efforts du peuple : le
sang de nos braves défenseurs avait
coulé et devait couler encore ; mais
cependant nous marchions de succès
en succès, et bientôt la victoire allait
être le prix du courage.

On cherchait Polignac et ses complices ; mais ils étaient devenus invisibles. Plusieurs d'entre eux étaient
auprès du Roi qui n'avait pas encore
quitté Saint-Cloud. Quoique fort
alarmé , il était encore loin de se
douter de ce qui existait. Il usait
le temps en projets de vengeance que

fort heureusement nous devions le
mettre hors d'état de pouvoir exécuter.

Si quelqu'un de sa cour voulait
hasarder un conseil, l'obstiné ministre avait toujours la même réponse
à faire :

« Il n'est pas de la dignité du Roi
» de céder et il ne cédera pas. »

On pensa être plus heureux en
s'adressant au Dauphin : il partageait
la stupide obstination de son père
et du ministre.

« Transiger avec des rebelles !
» s'écria-t-il avec fureur, non, non,
» jamais, il faut un exemple, il en
» faut un ; c'est à nous de le donner.
» Le Roi ne peut ni ne veut céder.

— » Mais, prince....

— » Pas d'observation : que tous
» ceux qui craignent abandonnent
» notre cour : nous ne voulons
» aujourd'hui autour de nous que
» de fidèles sujets ; et nous ne consi-
» dérerons pas comme tels ceux qui
» veulent nous parler en faveur de
» ces scélérats de libéraux. »

Et il tourna le dos en gromelant
à ces sages conseillers qu'une si
stupide obstination révoltait.

# CHAPITRE XX.

### Les Jésuites.

La palme du martyre avait été promise à tous les agens du jésuitisme, aux ardens soldats de la foi que le fer impie ou le plomb coupable des séditieux pourraient atteindre. Cette récompense n'avait pas excité le courage de tous, et plusieurs pliaient bagage.

Les gros bonnets de l'ordre frappés d'une terreur sans égale, rassem-
blaient leurs immenses richesses et se
disposaient également à quitter un
pays qui pour eux allait devenir et
dangereux et stérile.

L'obéissance passive, ce premier
devoir de leurs inférieurs, empêchait
ces derniers de leur adresser la
moindre question. Mais lorsqu'ils
s'aperçurent qu'après les avoir exposés aux plus grands dangers on
voulait les y abandonner, l'intérêt
personnel éleva la voix, et oubliant
leurs statuts, ils osèrent proférer
quelques murmures. On essaya de
les étouffer; on croyait y être parvenu, lorsqu'un frère lai, plus hardi
que les autres, prit sur lui d'adres-

ser quelques mots à un des révérends
pères :

« Mon père, lui demanda-t-il, le
» ciel pour punir ses enfans de leurs
» crimes, les livrerait-il aux coups
» des Moabites?

— » Mon fils, les décrets du Très-
» Haut sont impénétrables; il permet
» à Satan un moment de triomphe
» pour connaître ceux dont la foi
» sera ébranlée, et récompenser ceux
» qui resteront fidèles à ses lois. Mal-
» heur à ceux qui courberont la tête
» devant l'idole : la leur tombera
» sous le glaive des célestes ven-
» geances !

— » Amen, mon père. Mais dans
» un moment si funeste, le berger

» devrait-il abandonner son trou-
» peau?

— » Que voulez-vous dire, mon
» fils?....

— » En autres termes, si vous par-
» tez, mon père, qui nous protégera
» contre nos ennemis?

— » Mon fils, la Providence veil-
» lera sur vous.

— » Si vous emportez notre or,
» nos bijoux et que l'on vende nos
» biens, que nous restera-t-il?

— » La faveur du ciel qui vous sui-
vra en tous lieux.

— » Si nous n'avons plus ni bien,
» ni argent, mon père, qui nous
» nourrira?

— » Le ciel n'a-t-il pas fait tom-
» ber la manne dans le désert ?

— » Mais, mon père, les fils de
» Satan, qui nous abhorrent, nous
» massacreront.

— » Eh bien ! mon fils, vous joui-
» rez de la béatitude que le Ciel ac-
» corde à ses martyrs.

— » Et vous partez, mon père.

— » Oui, mon fils.

— » Il me paraît que vous vous
» souciez fort peu de la béatitude
» céleste.

— » L'esprit du démon a pu seul
» vous dicter un semblable blas-
» phême.

— » L'esprit d'égoïsme qui vous

» domine a pu seul vous souffler la
» conduite que vous comptez tenir.

— » Malheureux ! et votre serment
» d'obéissance ?

— » J'en suis relevé.

— » Par qui ?

— » Par vous - même. Quand le
» capitaine déserte, les soldats en
» peuvent faire autant.

— » Silence ! ou j'anathématise
contre toi.

— » Anathématisez tant que vous
» voudrez, je m'en moque..... Assez
» long-temps je fus votre dupe ; je
» ne serai pas encore votre victime :
» je vous parle en mon nom et en
» celui de la plupart de mes frères.

» En nous laissant entraîner par vos
» odieuses insinuations, nous n'a-
» vons acquis que le mépris et la
» haine de nos semblables; et vous
» voulez aujourd'hui nous exposer à
» leur colère. Il n'en sera pas ainsi :
» partez si vous voulez, mais, au
» moins, laissez-nous les moyens de
» nous soustraire à la fureur du peu-
» ple que vos excès ont lassé. Il nous
» faut de l'or, ou nous vous retenons
» parmi nous, nous révélons vos ini-
» ques secrets, vos criminelles in-
» trigues, vos épouvantables for-
» faits. »

Le moine grinçait les dents de fureur; il s'élance sur le rebelle, et ce
dernier fut assez heureux pour éviter

le coup que le monstre allait lui porter : il eût été mortel.

Un nouveau message de Paris mit
fin à cette horrible discussion. Un
des membres de l'infernale congré-
gation arrivait couvert de sueur et
de poussière et haletant de fatigue,
ses traits portaient l'empreinte de la
plus profonde terreur.

« Qu'y a-t-il de nouveau? » s'écriè-
rent les frères.

— « Nous sommes perdus, perdus
» à jamais!

— » Expliquez-vous?

— » J'ai vu le blanc étendard des
» lys traîné dans la poussière et rem-

» placé par le drapeau aux trois
» couleurs.

— » Ciel!

— » C'en est fait : si le Français a
» remporté une telle victoire sur les
» nôtres, la fuite là plus prompte est
» notre unique ressource.

— » Fuyons!

— » Fuyons! »

Partez, infâmes et lâches ennemis
de la France. Fuyez, indignes esclaves
du fanatisme, fuyez le sol de la liberté. Oui, la patrie a répudié le
drapeau de la féodalité : elle a secoué
la poussière de l'étendard qui ne se
rencontra jamais que sur le chemin
de l'honneur et de la gloire, vierge

de honte et de forfaits; tout un peuple de héros s'est incliné devant lui et lui a juré une fidélité inébranlable: fuyez, fuyez; il est pour vous la tête de Méduse.

## CHAPITRE XXI.

### Le Drapeau tricolore.

———

Nous les voyons enfin ces couleurs nationales si chères à tous les cœurs français; avec elles la liberté doit renaître; à leur aspect d'anciens soldats se prosternent respectueusement, et les saluent en versant des larmes; chacun les regarde avec délices, avec attendrissement; on se rappelle avec orgueil ces jours de gloire où elles guidaient nos immortelles phalanges, et on donne un souvenir au héros malheureux avec lequel nous les perdîmes.

Le drapeau tricolore flotte un moment sur l'Hôtel-de-Ville; mais il n'y est pas encore irrévocablement fixé.

Les lanciers, les cuirassiers et le 3e de la garde arrivent avec l'artillerie et les Suisses; ils atteignent la Grève, s'emparent des ponts, et font disparaître pour un moment les nobles couleurs.

Ernest a pu aussi revoir cet étendard sacré, nouveau *palladium* de

notre patrie. Son père lui a souvent
parlé de la magique influence qu'il
exerçait sur lui et sur tous ses compagnons d'armes; lui-même en a
ressenti les effets, et déjà on veut le
soustraire à ses regards : cette in-
sulte est sensible à tous; il n'est pas
besoin de haranguer le peuple pour
l'exciter à en tirer vengeance.

L'action s'engage. Le 5o⁰, retiré
dans l'Hôtel-de-Ville, reste simple
spectateur du combat.

Tous les ordres de Charles X sont
ponctuellement exécutés. Un officier a donné l'ordre aux artilleurs
de tirer sur le peuple... On a obéi...
Les rangs s'ouvrent... le coup part...
le sang français inonde le sol de la

patrie! On se bat avec fureur, avec acharnement. Ernest, Jules et le vieillard font des prodiges de valeur. Le courage de tous ceux qui combattent pour la même cause est aussi impétueux; mais l'artillerie de l'ennemi le rend formidable, et on ne peut parvenir à le déposséder du poste qu'il occupe. Les coups fratricides se dirigent non-seulement sur ceux qu'il a à combattre, mais sur ceux mêmes qui ne sont que spectateurs. Un de leurs chefs a dit :

« Mitraillez-moi cette canaille! » et à l'instant même on exécute ses ordres.

Charles! tels étaient ceux que tu leur avais donnés. Que l'on ne vienne plus nous dire que le tyran ignorait à Saint-Cloud ce qui se passait à Paris. Sans doute, il ne savait pas encore que sa détestable cause fût désespérée et perdue ; mais il n'ignorait pas que le sang de son peuple coulait, puisque lui-même avait ordonné de le répandre : ces ordres sanguinaires s'accordaient trop bien avec les désirs de ceux auxquels ils étaient intimés pour qu'ils négligeassent de s'y conformer.

L'ami du peuple, l'immortel Lafayette ne voulut-il pas tenter un dernier effort pour ménager le sang français? Il devait ne servir qu'à prouver jusqu'à quel point, l'odieux ministre poussait l'égoïsme et la cruauté.

Polignac, interprète fidèle des ty-ranniques volontés du parricide souverain, fit transmettre par le perfide Raguse une réponse digne de lui :

Le roi ne voulait rien céder, et telles terribles que dussent être les conséquences de son obstination, il la supporterait.

Les amis de la liberté n'entendirent pas sans horreur ces paroles incendiaires. Ils se retirèrent en silence et bientôt la royale décision généralement connue, ne fit que rallier à notre parti des hommes qui, par un reste d'attachement à la foi jurée, étaient restés neutres jusqu'alors.

C'en était fait : tout rapprochement entre le peuple et celui qui avait été son souverain devenait désormais impossible. Charles couvert du sang des Français ne pouvait plus régner sur la France.

Octave, digne ami de Villecourt, se portait également avec une troupe dont il avait été nommé le chef à l'unanimité, sur tous les points où il trouvait de la gloire à acquérir. Il parvint en s'exposant aux plus grands dangers à rendre libre la circulation des boulevards occupés depuis la place Vendôme jusqu'auprès de la Madelaine, par la garde royale. Lui et les siens enlevèrent même à l'ennemi une pièce de canon. Octave se dirige alors vers le faubourg SaintGermain.

On a déjà fait un effort pour déposséder les Suisses de la caserne
qu'ils occupent dans la rue de Ba-
bylone : mais cette fois, il ne sera
pas infructueux. Guidés par les sentimens qui les animent, nos jeunes héros ne doivent rien rencontrer qui
puisse leur résister.

Les portes de la caserne sont fermées : on refuse de les ouvrir :

« Mettons-y le feu, il n'y a pas à
» balancer. »

Cet avis est suivi, et bientôt nous
sommes maîtres de la place.

Là, encore, le peuple donna un
nouvel exemple de sa générosité par
la conduite qu'il tint avec les vaincus : les reîtres sont pour jamais

chassés. Le chef que se donnera la France, quel qu'il puisse être, ne se croira plus obligé de prendre des étrangers à ses gages pour le garder de ses sujets.

Après chaque avantage, Octave s'applique surtout à maintenir le bon ordre et à empêcher les excès qui trop souvent accompagnent la victoire ou en sont les suites. Il ne faut pas qu'après d'aussi glorieuses journées, le peuple ait à se reprocher le moindre acte de violence. La révolution de 1830 doit en tous points différer de celles qui l'ont précédée.

FIN DU TOME DEUXIÈME.

# Sous Presse,

POUR PARAITRE FIN OCTOBRE.

**LA FIGURANTE**, roman de mœurs. Quatre vol. in-12. Prix : 12 fr.

**LE POMPIER**, roman de mœurs. Cinq vol. in-12. Prix : 15 fr.

## En Vente.

**LA NUIT DE SANG**, roman historique ; par Fleury. Quatre vol. in-12. Prix : 12 fr.

IMPRIMERIE DE A. BARBIER, RUE DES MARAIS S.-G., N. 17.